CLASSIC FRENCH WORD PUZZLES

Welcome to this new **Classic French Word Puzzles** a serie of 100 brand new interesting puzzles - it's educational, it's fun, it's challenging - it's hard to put down!

Learn French through amusing and challenging puzzles! It's an effective way of expanding your knowledge of French - language words and expressions.

This puzzle craze! is portrayed with a professional layout of clearly visible content, perfectly distributed puzzles with solutions.

With **Classic French Word Puzzles** your word power in French and logic is tested providing hours of challenging fun for all ages and ability levels.

CLASSIC FRENCH WORD PUZZLES

Puzzle compilation, typesetting and design by:
jslubandi.books@gmail.com

Printed and bound in the USA by:
CreateSpace, An Amazon.com Company

ISBN 978-1492876991

Enjoy these other fun puzzle books by *J.S.Lubandi*

Super SUDOKU Puzzles

Classic Codeword Puzzles

Classic Word Search Puzzles

Classic Vocabulary Puzzles

Mots Codés - Classique

Mots cachés - Classique

Codigrama - Clásico

And more books on the way!

CLASSIC FRENCH WORD PUZZLES

001

1	2	3	4	5	6	7		8	9	10	11	12

Grid numbers: 1–52

3 letters
Sic
Ans
Cab
Épi
Ère
Éva
Ils
Lad
Lez
Mai
Nés
Ors
Oui
Rad

Tee
Vin

4 letters
Ceci
Clef
Ilot
Mail

5 letters
Abîma
Aloès
Bonde
Écart
École

Élève
Esses
Moral
Néant
Nitre
Ogive
Oisif
Osent
Réélu
Serin
Tabou

6 letters
Erriez
Moufté

Silène
Sucrin

7 letters
Abîmera
Amoroso
Coopère
Embêter
Fessées
Innervé
Louages
Ornière
Ouï-dire
Romarin
Séantes

Tuaient

9 letters
Avoisinée
Électeurs
États-Unis
Testament

002

3 letters

Ais
Cri
CSS
Ôte
Out
Pas
Pis
Pré
Rit
Tue
Tut
Zig

4 letters

Idem
Land
Rame
Rare

5 letters

Aléas
Amena
Arrêt
Assez
Clins
Dièse
Enter
Laide
Litre
Rabat
Rafla
Rater
Serti
Stems
Stras
Têtue
Tiers
Tmèse
Traça
Trais

6 letters

Casoar
Louage
Mézail
Schéma

7 letters

Abrupte
Allaita
Alliiez
Appâter
Attesta
Caesium
Candéla
Feintes
Hêtraie
Iraient
Léserai
Locales
Odieuse
Ourlant
Raccroc
Utilité

2 letters
Av
CP
Hé
le

3 letters
Ace
Arc
C-à-d
Crû
Eau
Élu
Ici
Net

Peu
Pré

4 letters
Âmes
Avez
Gnon
Lied
Lien
Nefs
Nice
Noce
Ogre
Ouïe
Sept

Site
Tsar
Zéro

5 letters
Antan
Cloue
Écart
Étape
Impôt
Liure
Pétun
Pisse
Puise
Récif

Rénal
Sises
Urées
Visée

6 letters
Karaté
Mollah
Ulcère
Viciée

7 letters
Aérosol
Ailiers
Cingler
Enlacer

Klephte
Réanime
Réélise
Réussis

8 letters
Essences
Hésitais
Implorer
Morigène
Pleurale
Triturée

004

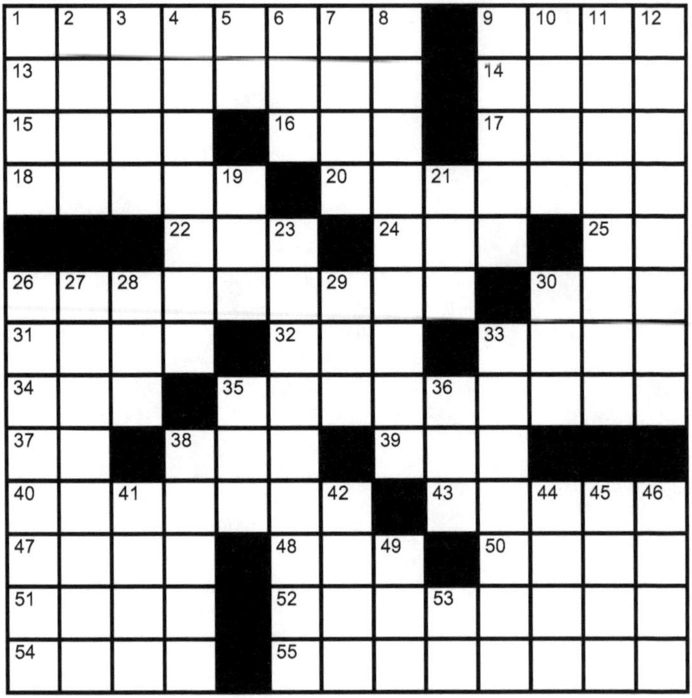

2 letters	Lue	Anar	Solo	Enchâsse
An	Mot	Ânon	Trac	Excision
Eh	Pic	Aval	Tsar	Imagerie
Er	Que	Base	**5 letters**	Nuisible
Si	Qui	Brie	Ampli	Reterser
3 letters	Reg	Eaux	Celui	Revenait
Erg	Rue	Esse	Garer	Saietter
Ers	Sas	Gela	Glass	Tracassa
Gag	Set	Même	**7 letters**	**9 letters**
Gap	Tac	Plat	Bâclais	Attaquent
Gel	**4 letters**	Réer	Cérumen	Réengager
Ici	Agir	Rêne	Dallage	Sélénique
Ion	Albi	Sied	Tabagie	Tire-ligne
Loi	Aloi	Sien	**8 letters**	

005

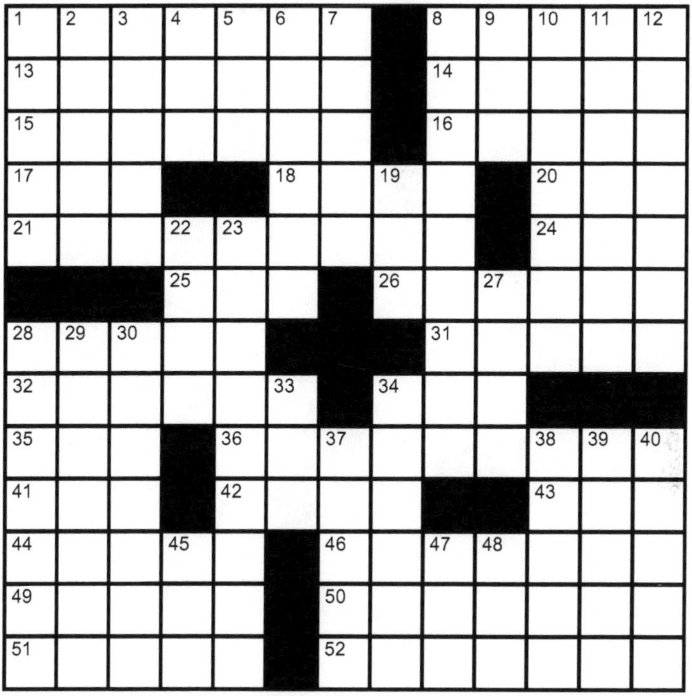

3 letters
Ace
Ars
C-à-d
Cri
Ère
Ers
Fia
Gal
Ide
Rai
Rel
Rem
Ris
Sel
Tus
Uri

4 letters
Baye
Erre
Este
Film

5 letters
Agami
Alèse
Atour
Borda
Damas
Écuma
Égard
Égaya
Idéal
Laies
Lance
Métal
Panca
Relie
Risée
Stère

6 letters
Eiders
Mufles
Sterne
Turent

7 letters
Adorait
Amarrée
Arsenal
Étriper
Guidage
Libérés
Mutuels
Néréide
Orfraie
Réalise
Salisse
Unièmes

9 letters
Démesurée
Élaborées
Guatemala
Orangeade

006

3 letters		Ados	Macis	Méteil	Nacelle
Ace		Anis	Maroc	Raiera	Niables
Ami		Beau	Nabab	**7 letters**	Ramenée
Gag		Idée	Rider	Agisses	Stérile
Gay		**5 letters**	Ronge	Amoraux	Têtards
Lai		Adent	Rosir	Bétoine	
Loi		Amena	Tarda	Censura	
Lot		Baril	Tsars	Drosser	
L'un		Ceins	Tuées	Écopais	
Rel		Cotir	Voies	Égalité	
Roc		Errai	Yacht	Épaissi	
Tua		Esses	**6 letters**	Érosive	
Uri		Hâtée	Exèdre	Ingérer	
4 letters		Iléus	Ignare	Mal-être	

1	2	3	4		5	6	7	8	9	10	11	12
13					14							
15					16							
17				18				19				
20				21			22			23		
			24			25			26			
27	28	29			30		31	32				
33					34	35		36				
37				38			39			40	41	42
43			44			45			46			
47				48					49			
50									51			
52									53			

2 letters
If
Me
Ra
Ré

3 letters
Air
Âne
Éva
Hie
Mis
Plu
Roi
Sas

Sis
Tas

4 letters
Agio
Aise
Cens
Erse
Holà
Îles
Lido
Math
Noël
Ride
Rite

Truc
Tuer
Unie

5 letters
Agora
Arôme
Atour
Caver
Cross
Isola
Lutin
Mânes
Merlu
Peine

Shunt
Tiers
Urate
Urées

6 letters
Calmar
Forain
Redira
Sensés

7 letters
Désolés
Élisais
Enclose
Erratum

Essuies
Nourris
Rhéteur
Risible

8 letters
Acharnée
Baliveau
Essorant
Lie-de-vin
Oléoducs
Tairions

008

2 letters	Fis	Ceci	Tien	Abaisser
Eh	Fol	Écot	Tirs	Asthénie
Er	Fou	Ente	User	Cocorico
Lu	Ici	Êtes	**5 letters**	Égareras
Si	Ohé	Goum	Iambe	Missouri
3 letters	Phi	Ibid	Motel	Osseuses
Ara	Pie	Iris	Tmèse	Répètent
Cil	Rie	Mien	Virus	Tirelire
Cpt	Sas	Moto	**7 letters**	**9 letters**
Dis	Vol	Ouïr	Espérée	Appellera
Écu	**4 letters**	Ouïs	Oscillé	Féeriques
Ému	Acmé	Ours	Rossard	Madrépore
Ère	Âcre	Reçu	Squatte	Souscrire
Etc	Béni	Sore	**8 letters**	

1	2	3	4	5	6	7	■	8	9	10	11	12
13							■	14				
15							■	16				
17			■	18		19		■	20			
21			22	23				■	24			
■	■	25				■	26		27			
28	29	30			■	■	■	31				
32				33	■	34			■	■	■	■
35			■	36		37			■	38	39	40
41			■	42				■	■	43		
44			45		■	46		47	48			
49					■	50						
51					■	52						

3 letters
Ail
Ale
And
Âne
Bée
Dus
Écu
Été
Ici
Ire
Non
Ois
Par
Sic
Tek
Tôt

4 letters
Épée
Épie
Muge
Rois

5 letters
Agira
Aient
Antre
Baies
Épées
Éphod
Idées
Iléon
Lopin
Racés
Radon
Rasta
Rince
Spath
Tison
Uriné

6 letters
Abrège
Arènes
Ivette
Narrer

7 letters
Appelai
Ascèses
Écourte
Inédite
Insecte
Laboura
Obéirai
Préside
Réitère
Restant
Sensées
Shakers

9 letters
Adhérence
Brise-vent
Écarterai
Rangement

010

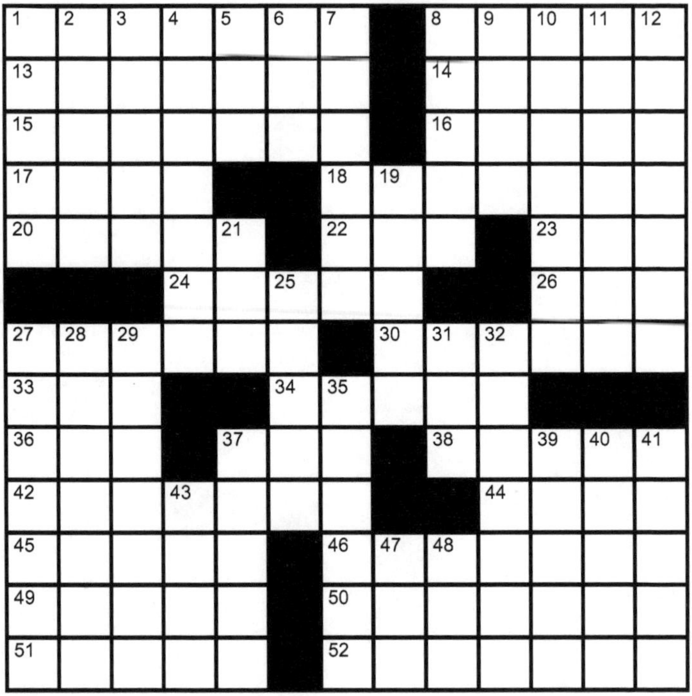

3 letters	Âmes	Green	Irisée	Otaries
Alu	Ouïe	Inter	Rétame	Pudding
Art	Rein	Islam	7 letters	Rameuse
Ban	Tsar	Lègue	Abatant	Sériels
Car	5 letters	Menai	Abonner	Triolet
Été	Abusa	Modal	Cenelle	
Eue	Aïeul	Néant	Endroit	
Ils	Ainée	Rapts	Entêter	
Psi	Banco	Reins	Hectare	
Rem	Béryl	Relie	Inertie	
Sen	Demie	Salop	Marinée	
Tél	Elles	6 letters	Nuisais	
Uni	Émues	Ergota	Odyssée	
4 letters	Esses	Hostie	Osseuse	

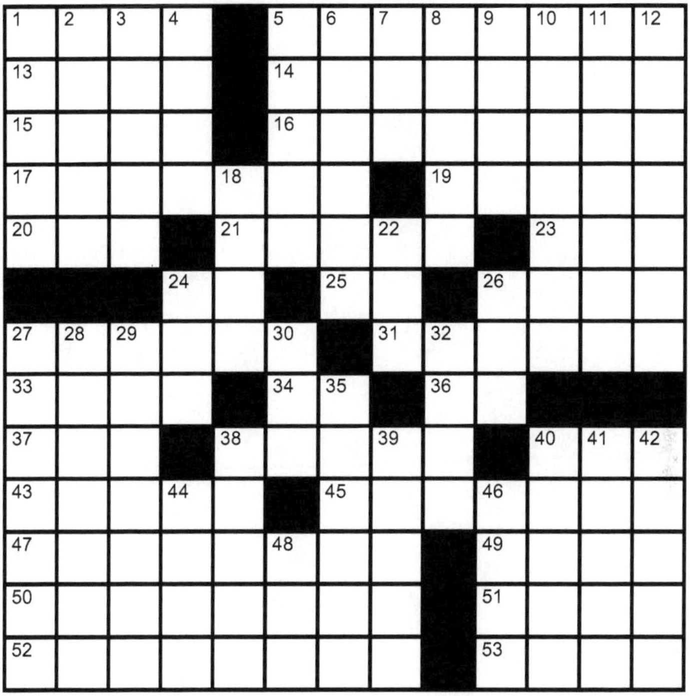

Crossword grid with numbered cells: 1, 2, 3, 4, 5, 6, 7, 8, 9, 10, 11, 12, 13, 14, 15, 16, 17, 18, 19, 20, 21, 22, 23, 24, 25, 26, 27, 28, 29, 30, 31, 32, 33, 34, 35, 36, 37, 38, 39, 40, 41, 42, 43, 44, 45, 46, 47, 48, 49, 50, 51, 52, 53

2 letters	3 letters	4 letters	5 letters	6 letters	7 letters	8 letters
Phi	Ace	Amer	Avent	Alloue	Avisait	Annexait
Aï	Air	Bray	Black	Éthéré	Candéla	Élucides
Fa	Dép	Dent	Caduc	Irrita	Dénudée	Évidence
Oc	Eau	Ente	Épela	Lavabo	Encreur	Identité
Ri	For	Étau	Esses			Paradent
Uri	Ive	Êtes	Gîtes			Testeras
Usée	Kit	Ides	Osent			
Vair	Ope	Lava	Perte			
Yard		Peul	Ramai			
Sexte		Sers	Sarde			
Surgi		Trie				
Tabac						
Usure						
Lavande						
Liernes						
Rieuses						
Steeple						

Word list (as printed in columns):

2 letters: Phi, Aï, Fa, Oc, Ri

3 letters: Ace, Air, Dép, Eau, For, Ive, Kit, Ope

4 letters: Amer, Bray, Dent, Ente, Étau, Êtes, Ides, Lava, Peul, Sers, Trie

Uri, Usée, Vair, Yard

5 letters: Avent, Black, Caduc, Épela, Esses, Gîtes, Osent, Perte, Ramai, Sarde

Sexte, Surgi, Tabac, Usure

6 letters: Alloue, Éthéré, Irrita, Lavabo

7 letters: Avisait, Candéla, Dénudée, Encreur

Lavande, Liernes, Rieuses, Steeple

8 letters: Annexait, Élucides, Évidence, Identité, Paradent, Testeras

012

2 letters	Off	Gite	Suée	Aménagée
Kg	Oie	Grec	Vers	Cinéaste
Li	Pic	Insu	Vert	Érigerai
Ra	Pin	Iota	**5 letters**	Éventail
Ta	Ria	Lord	Aisés	Folksong
3 letters	Sol	Nard	Crins	Manieuse
Aie	Tir	Nées	Grave	Révérend
Ain	Tom	Nefs	Tiède	Utilisée
Cor	Top	Orée	**7 letters**	**9 letters**
Ego	Une	Orne	Charpie	Cinéphile
Las	**4 letters**	Pneu	Endémie	Déflagrer
Lie	Amen	Râla	Sévirai	Feuillage
Loi	Coït	Rame	Slovène	Ultimatum
Mou	Émoi	Ravi	**8 letters**	

	1	2	3	4	5	6	7		8	9	10	11	12
13								14					
15								16					
17				18		19			20				
21			22	23					24				
		25				26		27					
28	29	30					31						
32				33		34							
35			36		37			38	39	40			
41			42						43				
44		45			46		47	48					
49					50								
51					52								

3 letters
Aga
Ale
Dus
Épi
Êta
Hui
Ion
Ire
Nul
Ose
Rel
Roc
Sel
Suc
Tin
Use

4 letters
Alla
Ogre
Ruer
Stem

5 letters
Arène
Clamp
Étain
Étaux
Éteuf
Étiez
Huche
Ignée
Médoc
Natif
Pairs
Pèses
Raser
Réagi
Redit
Verge

6 letters
Acarus
Ahaner
Encode
Lustre

7 letters
Anodins
Cadença
Écouter
Effilez
Guipure
Hériter
Mesurée
Parsema
Presser
Retenti
Saccade
Utérine

9 letters
Assurance
Extradiez
Rechampir
Venezuela

014

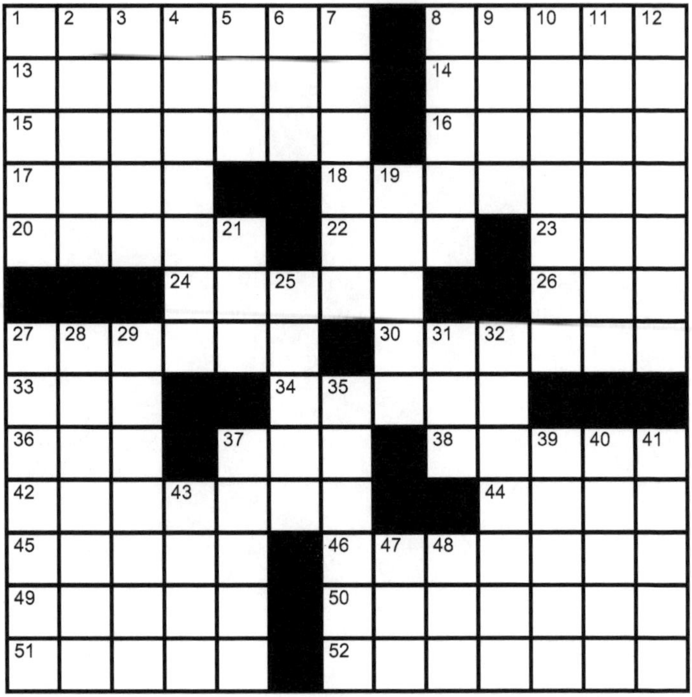

3 letters
Arc
Ars
Cor
Épi
Ère
Lie
Men
Mer
Nie
Ose
Peu
Pro

4 letters
Inné
Omit
Orée
Régi

5 letters
Agrès
Ahuri
Amère
Ansée
Clebs
Crase
Égala
Était
Gitan
Isard
Légal
Nions
Pesée
Pilum
Ratel
Scoop
Seing
Tonne
Urger
Usage

6 letters
Devers
Épater
Estran
Gospel

7 letters
Agaçant
Assieds
Assoler
Chaises
Cireuse
Décanta
Élancer
Épierai
Érosion
Lièrent
Outrent
Pelleta
Rubican
Salarie
Sarcome
Versons

Grid (numbered cells): 1 2 3 4 5 6 7 8 9 10 11 12 / 13 14 / 15 16 17 / 18 19 20 21 / 22 23 24 25 / 26 27 28 29 30 / 31 32 33 / 34 35 36 / 37 38 39 / 40 41 42 43 44 45 46 / 47 48 49 50 / 51 52 53 / 54 55

2 **letters**		Nui		Bloc		Togo		Durcirai
Ci		Osa		Broc		Unes		Énervais
Cr		Reg		Dore		Unis		Érotiser
Nu		Rel		Dors		5 **letters**		Esseulée
Ta		Set		Euro		Accru		Imbécile
3 **letters**		Sil		Isba		Audit		Salsifis
Bal		Tin		Issu		Bossu		Serinais
Bau		Tub		Lien		Farad		Sonatine
Bée		Tuf		Marc		7 **letters**		9 **letters**
Div		Use		Raie		Escrocs		Antiennes
Ifs		4 **letters**		Rais		Ivrogne		Descendis
Ion		Agen		Ries		Namibie		Estaminet
Mes		Aies		Rosi		Rebâtit		Riveteuse
Met		Asse		Snob		8 **letters**		

016

1	2	3	4	5	6	7		8	9	10	11	12
13								14				
15								16				
17					18		19		20			
21			22	23					24			
			25				26		27			
28	29	30						31				
32					33		34					
35				36		37				38	39	40
41				42					43			
44			45			46		47	48			
49						50						
51						52						

3 letters

Air
Dis
Ère
Ers
Été
Ici
Ida
Lia
Mât
Mir
Mus
Nid
Ont
Sas
Une
Ure

4 letters

Anus
Asti
Usai
Veld

5 letters

Argot
Édite
Enter
Étier
Iambe
Lient
Osées
Panel
Paria
Régal
Riant
Smalt
Thème
Titre
Urane
Urate

6 letters

Aérais
Candis
Érable
Osiers

7 letters

Anéanti
Attisés
Brident
Égarera
Essarte
Hériter
Inocule
Mariait
Méditai
Regimbe
Sculpte
Trumeau

9 letters

Articuler
Caissière
Élevaient
Plastrons

Grid (crossword):

1	2	3	4	5	6	7		8	9	10	11	12
13								14				
15								16				
17						18	19					
20				21		22				23		
		24		25					26			
27	28	29					30	31	32			
33					34	35						
36				37				38		39	40	41
42		43						44				
45					46	47	48					
49					50							
51					52							

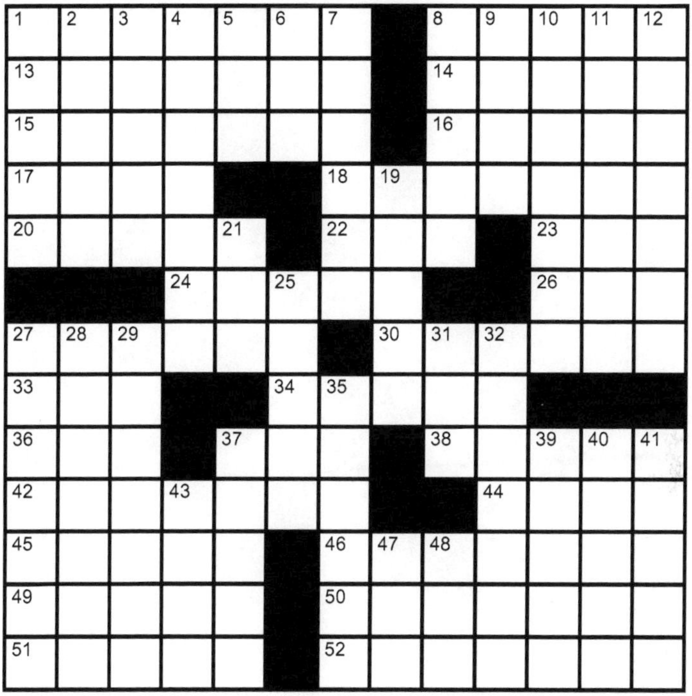

3 letters

Bic
Bol
Ego
Épi
Ion
Lev
Nie
Ôte
Ouf
Ras
Uri
Yak

4 letters

Aven
Delà
Lion
Once

5 letters

Audio
Avant
Enfin
Esses
Feint
Ilote
Nanar
Onces
Poney
Racés
Ratel
Ravin
Rôles
Scalp
Tance
Teste
Têtue
Timon
Tronc
Verve

6 letters

Effara
Éocène
Essuie
Remake

7 letters

Admises
Aéronef
Alérion
Avorter
Caroube
Cendrer
Cuisais
Environ
Épieras
Microns
Rebatte
Régenta
Saturne
Stérile
Urinoir
Usinera

018

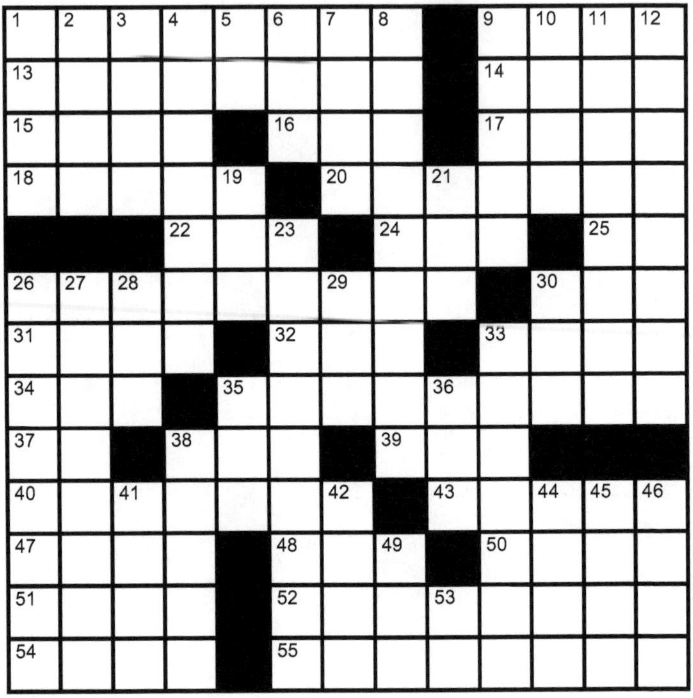

2 letters	Las	Élan	Roda	Crâneuse
In	Lie	Élus	Truc	Encenser
Lé	Lis	Esse	Turc	Éteignit
Li	Lue	Este	**5 letters**	Étrilles
Ra	L'un	Étai	Étape	Lanlaire
3 letters	Née	État	Fixai	Martiale
Cap	Ope	Ibis	Métis	Narreras
Dam	Ôte	Inox	Tchad	Stéarine
Div	Roc	Iule	**7 letters**	**9 letters**
Épi	Tin	Même	Agriche	Leitmotiv
Ère	**4 letters**	Oust	Eudiste	Polochons
Etc	Abri	Pian	Initier	Ronronner
Foc	Âtre	Rash	Intacte	Séculière
Ire	Écot	Rida	**8 letters**	

019

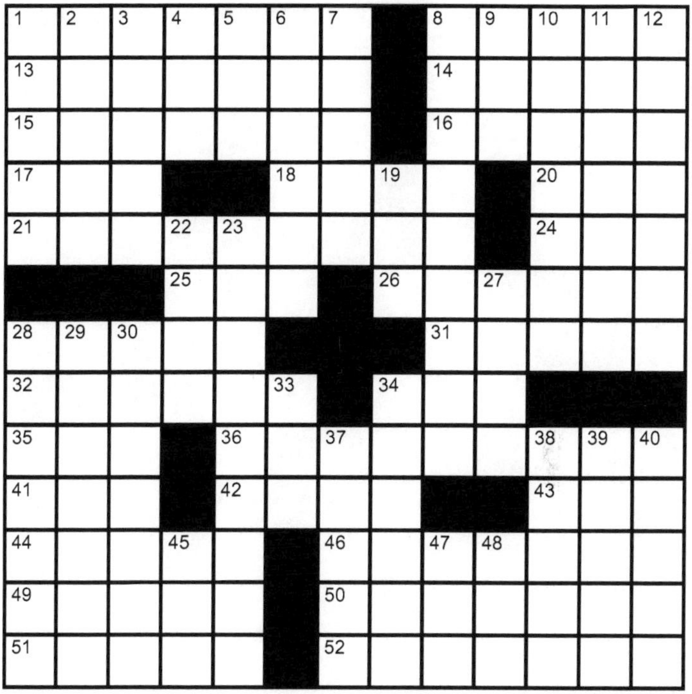

3 letters
And
Bit
Éon
Ère
Êta
Eus
Gin
Mer
Mir
Nia
Par
Pro
Reg
Rio
Sud
Uns

4 letters
Inti
Mélo
Meus
Orée

5 letters
Amant
Ambre
Anale
Émeri
Ester
Étage
Lutin
Mande
Oraux
Quant
Repli
Ruser
Russe
Télex
Tract
Unité

6 letters
Arrose
Basera
Culots
Nuirai

7 letters
Blâmera
Éreinte
Erratum
Extraie
Prorata
Ragoter
Rappela
Récital
Romance
Sandale
Serrait
Uranium

9 letters
Atténuait
Erratique
Exemption
Puisement

020

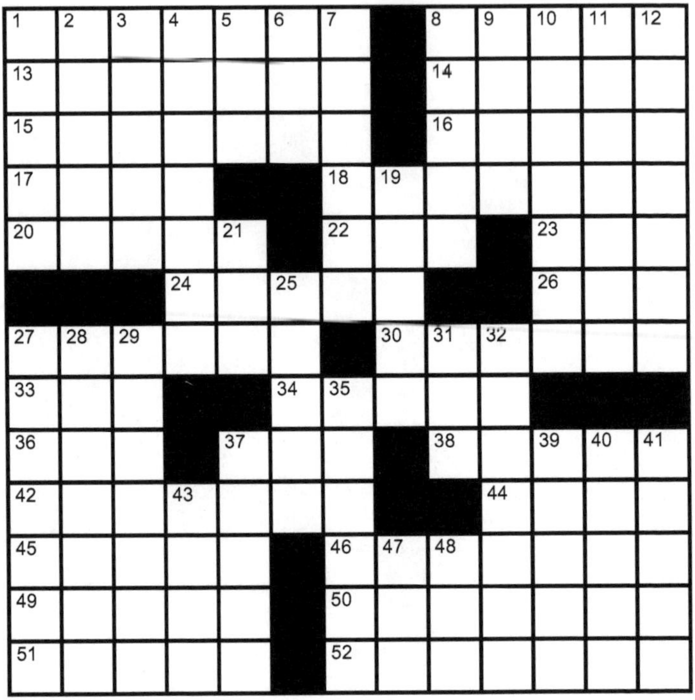

3 letters
Ale
Ara
Cil
Êta
Été
Éva
Glu
Ive
Let
Mât
Rel
Use

4 letters
Agit
Bâle
Éden
Nous

5 letters
Agavé
Agrès
Arbre
Biler
Coter
Essai
Éteuf
Étier
Huera
Lober
Loche
Lofer
Nabab
Passa
Payer
Resta
Ruade
Sites
Taper
Tille

6 letters
Ôteras
Parlai
Rester
Uriner

7 letters
Auguste
Avalait
Avisera
Élabore
Éveille
Ironise
Pariées
Pimente
Quintal
Récites
Ressuer
Rétabli
Salerai
Testais
Traquer
Yatagan

021

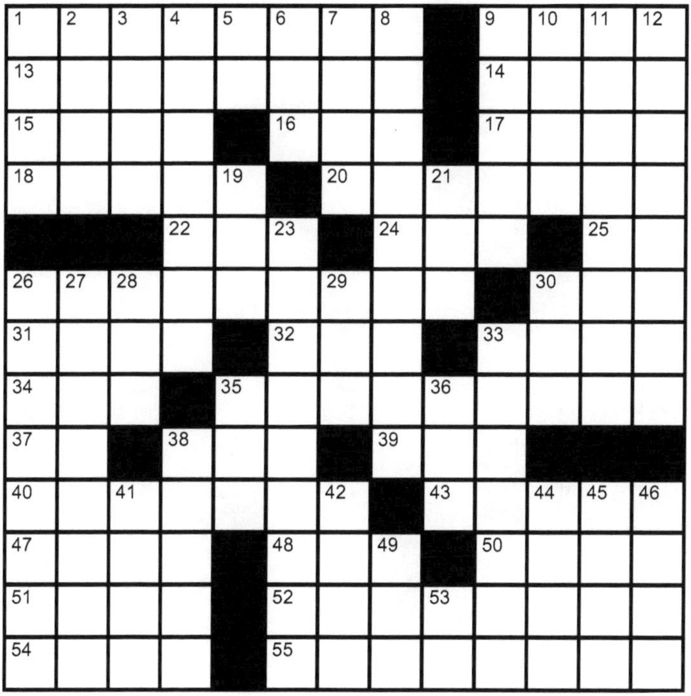

2 letters
Hé
Là
Or
Ré

3 letters
Art
Boa
Dur
Ème
Éon
Été
Eus
Fer
For
Gai
Lai
Lez
Mai
Nez
Rai
Soi
Sol
Tir

4 letters
Agen
Aout
Banc
Dora
Égal
Émir
Émus
Émut
Erre
Insu
Irai
Ivre
Lave
Nais
Odes
Rêva
Rima
Rire
Self
Vint

5 letters
Rabbi
Ravis
Réels
Statu

7 letters
Désarma
Étêtage
Prélegs
Sembler

8 letters
Ancrerai
Automnal
Collerai
Éléphant
Idéation
Itératif
Marrerai
Vénérera

9 letters
Blinderai
Cinglerai
Négligeai
Tire-laine

022

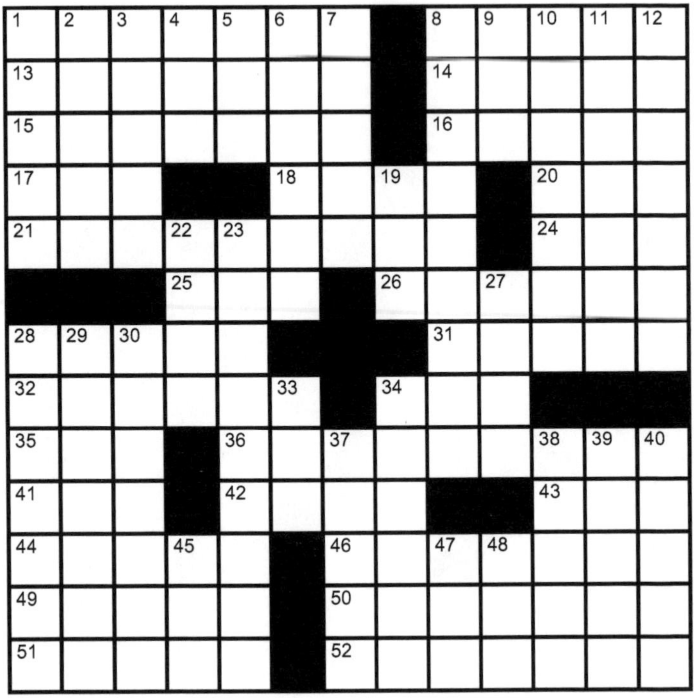

3 letters	4 letters	Éveil	Teston	Saleron
Ace	Ados	Irise	Usiner	**9 letters**
Ait	Inti	Ligot	**7 letters**	Éparpille
Bot	Sied	Orale	Agitato	Étêtement
Dpi	Tore	Ptôse	Amarrer	Possédais
Éon		Reste	Déçoive	Prosterne
Ire	**5 letters**	Rient	Élabore	
Ont	Adora	Rital	Élément	
Ope	Atone	Rival	Endroit	
Ôta	Aviné	Sites	Érigées	
Reg	Épate	Stère	Omettes	
Rem	Érode	**6 letters**	Ovarite	
Rot		Mémère	Pivoter	
Tir		Rétame	Repense	
Ton				
Tri				
Une				

023

Grid (crossword):

1	2	3	4	5	6	7		8	9	10	11	12
13								14				
15								16				
17						18	19					
20				21		22				23		
		24		25					26			
27	28	29					30	31	32			
33					34	35						
36				37				38		39	40	41
42			43						44			
45						46	47	48				
49						50						
51						52						

3 letters
Ain
Ale
Bât
Bau
Eau
Êta
Ile
Ire
Nie
Oie
Ont
Rai

4 letters
Aval
Moto
Orne
Usai

5 letters
Arène
Avant
Camée
Canoë
Câpre
Êtres
Évasa
Goûts
Impie
Laine
Lésés
Nabab
Nanti
Osées
Pétun
Préau
Prèle
Rebab
Rosse
Urger

6 letters
Lésais
Muséum
Réelle
Tessin

7 letters
Apposée
Entasse
Entêtai
Étirais
Éveille
Labeurs
Liantes
Liliale
Maniera
Monacal
Perlait
Spolier
Steppes
Surmena
Tablées
Unipare

024

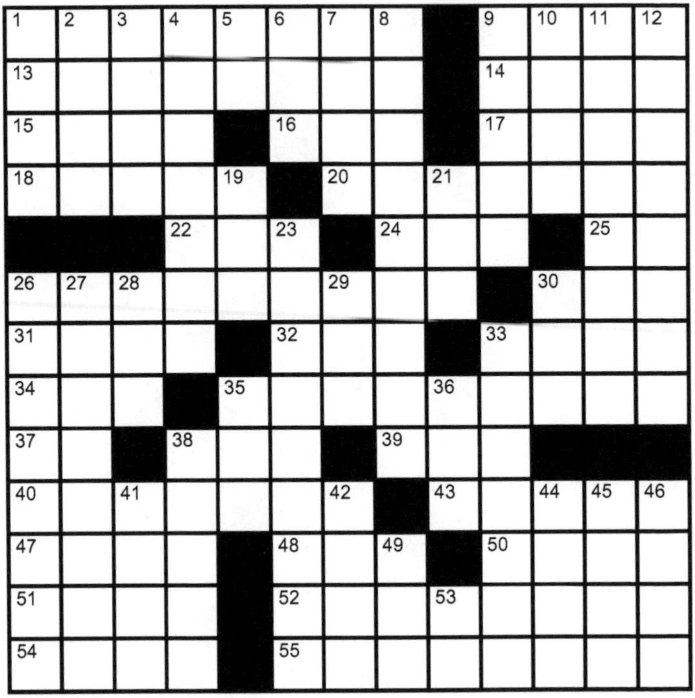

2 letters	Mir	Boas	Sels	Aliénera
Çà	Nid	Café	Sure	Assaille
In	Ria	Cool	Tufs	Bouclais
Oc	Roc	Émir	**5 letters**	Colcotar
On	Sec	Fiel	Alors	Érectile
3 letters	Sil	Ilot	Émule	Essences
Âme	Tes	Lieu	Obtus	Gironner
Are	Tin	Olim	Toits	Maffiosi
C-à-d	USD	Orme	**7 letters**	**9 letters**
Ère	Via	Osai	Celle-ci	Bacchante
Ers	**4 letters**	Ovni	Chauffe	Modifiais
Euh	Aloi	Pisé	Licorne	Rachetais
Eus	Arec	Réel	Pillant	Savonnage
Fia	Aveu	Rouf	**8 letters**	

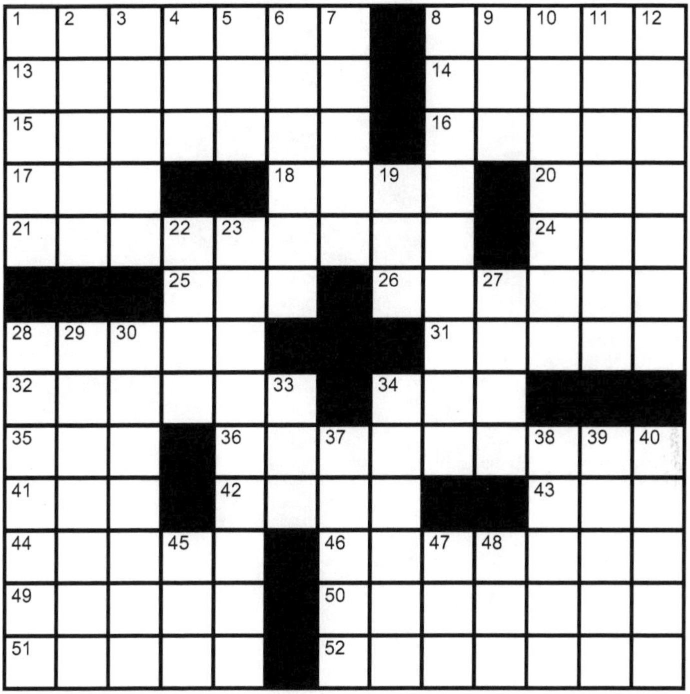

025

1	2	3	4	5	6	7	■	8	9	10	11	12

Grid numbers visible: 1, 2, 3, 4, 5, 6, 7, 8, 9, 10, 11, 12, 13, 14, 15, 16, 17, 18, 19, 20, 21, 22, 23, 24, 25, 26, 27, 28, 29, 30, 31, 32, 33, 34, 35, 36, 37, 38, 39, 40, 41, 42, 43, 44, 45, 46, 47, 48, 49, 50, 51, 52

3 letters

Ail
Air
Api
Dpi
Ème
Erg
Gay
Ida
Ire
Leu
Moi
Nie
Ohé
Oïl
Rel
Uni

4 letters

Nier
Sari
Télé
Trac

5 letters

Achat
Chaux
Élire
Épieu
Essai
Hélée
Idole
Irise
Péage
Peser
Plait
Risée
Riser
Scalp
Sorte
Thuya

6 letters

Au-delà
Déesse
Irrite
Idole
Lottes

7 letters

Adulais
Ahuries
Cueilli
Échines
Étiolée
Exégèse
Pataude
Ralenti
Relieur
Saloper
Siamois
Tueries

9 letters

Apprécier
Étatisiez
Implantée
Schizoïde

026

Crossword grid with numbered cells: 1, 2, 3, 4, 5, 6, 7, 8, 9, 10, 11, 12, 13, 14, 15, 16, 17, 18, 19, 20, 21, 22, 23, 24, 25, 26, 27, 28, 29, 30, 31, 32, 33, 34, 35, 36, 37, 38, 39, 40, 41, 42, 43, 44, 45, 46, 47, 48, 49, 50, 51, 52

3 letters			
Car	Cira	Imite	Messer	Sensées
Cep	Lama	Krach	Réveil	Slaloms
Eau	Obel	Ladin	**7 letters**	Stratum
Hui	Urée	Menue	Âneries	Usinées
Ive	**5 letters**	Obère	Arrache	Vergues
Mûr	Aisée	Rates	Directe	
Nie	Almée	Ruera	Évanoui	
Ois	Cluse	Rugir	Neurone	
Tee	Corps	Snack	Ongulée	
Toi	Couru	Tenir	Peulven	
Une	Coyau	Yémen	Premier	
Uri	Garce	**6 letters**	Remonte	
4 letters	Huard	Éperdu	Ricocha	
	Huées	Impers	Rouvrit	

3 letters: Car, Cep, Eau, Hui, Ive, Mûr, Nie, Ois, Tee, Toi, Une, Uri

4 letters: Cira, Lama, Obel, Urée

5 letters: Aisée, Almée, Cluse, Corps, Couru, Coyau, Garce, Huard, Huées, Imite, Krach, Ladin, Menue, Obère, Rates, Ruera, Rugir, Snack, Tenir, Yémen

6 letters: Éperdu, Impers, Messer, Réveil

7 letters: Âneries, Arrache, Directe, Évanoui, Neurone, Ongulée, Peulven, Premier, Remonte, Ricocha, Rouvrit, Sensées, Slaloms, Stratum, Usinées, Vergues

027

2 letters
En
Et
Ta
Ut

3 letters
Ail
Ais
Ait
Bru
Épi
Ère
Été
Fig
Foi
Glu
Lue
Noé
Ose
Que
Reg
Sou
Sûr
Tir

4 letters
Ahan
Aies
Dame
Édam
Este
Étal
Être
Fiés
Lent
Lèse
Malt
Ohms
Polo
Rapt
Rare
Réer
Taie
Togo
Utah
Veld

5 letters
Écher
Émois
Enfle
Toril

7 letters
Drainer
Gerçure
Optique
Tsunami

8 letters
Adoptées
Alléguer
Dépourvu
Élitiste
Estragon
Impétigo
Jeunette
Tapement

9 letters
Ajournais
Bitension
Entièreté
Usuraires

028

1	2	3	4	5	6	7		8	9	10	11	12
13								14				
15								16				
17			■		18		19		■	20		
21			22	23						24		
■			25			■	26		27			
28	29	30			■			31				
32				33	■	34				■	■	
35			■	36		37				38	39	40
41			■	42				■	43			
44		45		■	46		47	48				
49				■	50							
51				■	52							

3 letters
Ben
Bus
Fco
Fée
Gin
Ida
Ile
Ire
Lad
Lin
Ôta
Out
Rai
Rel
Sec
Var

4 letters
Avec
Bail
Gent
Golf

5 letters
Effet
Essor
Étain
Étant
Gaffe
Icône
Idées
Lotir
Nenni
Rares
Rosés
Salée
Seine
Snobe
Targe
Usais

6 letters
Cricri
Débite
Linger
Rétros

7 letters
Adoucis
Anoblir
Boudine
Écrites
Essarte
Festons
Filerai
Frelaté
Girofle
Innéité
Orbital
Siennes

9 letters
Essaierai
Iatrogène
Orseilles
Unifierai

029

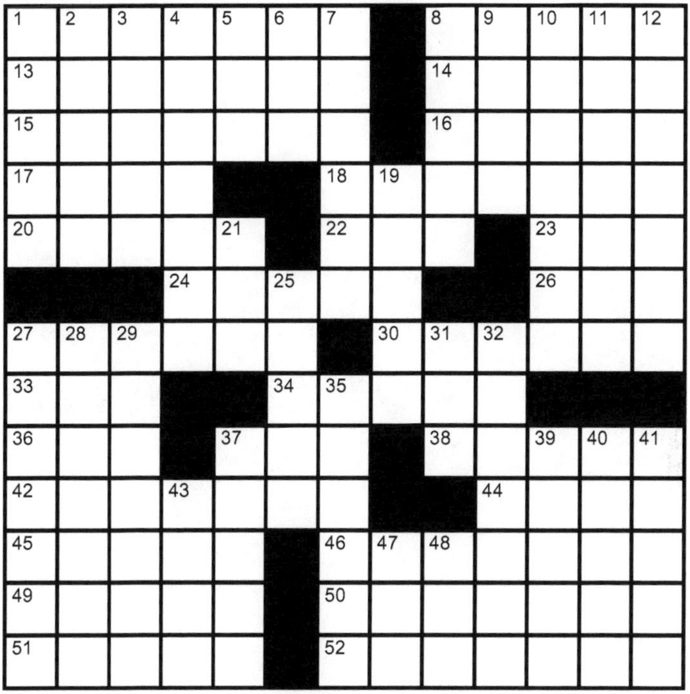

3 letters
Ale
Âme
Bit
Cap
Cas
Ère
Lai
Lev
Lin
Mal
Uri
Vos

4 letters
Aime
Être
Taon
Télé

5 letters
Arête
ASCII
Atèle
Coite
Empan
Esses
Gilet
Lérot
Maria
Merle
Nabab
Otite
Plomb
Psoas
Rater
Rirai
Ruées
Satin
Seras
Vases

6 letters
Écorer
Éteule
Isopet
Végète

7 letters
Afféage
Agitato
Élagués
Émietta
Empaume
Énerver
Étioler
Gésiers
Litière
Malfrat
Oiselet
Pallier
Profile
Tentées
Urinoir
Vacarme

030

	2 letters			
	Sil	Niai	Plomb	Reflets
	Ce	Ulm	Ores	Polis	Serdeau
	DI	**4 letters**	Prof	Rocou	Sophora
	Ie	Aces	**5 letters**	Tonus	Trieras
	Mu	Dine	Aléas	**6 letters**	**8 letters**
	3 letters	Élit	Catir	Éocène	Assistée
	Aga	Erse	Credo	Ligand	Clameras
	C-à-d	Êtes	Demie	Milieu	Égaliser
	Ces	Fisc	Étend	Stress	Oreiller
	Eut	Gâta	Hello	**7 letters**	Rataient
	Glu	Imbu	Marte	Adénite	Rigolade
	Let	Item	Môles	Caudale	
	Pif	Liai	Ôtent	Concéda	
	Rie	Loti	Place	Raserai	

2 **letters**
Sil
Ce
DI
Ie
Mu

3 **letters**
Aga
C-à-d
Ces
Eut
Glu
Let
Pif
Rie

4 **letters**
Aces
Dine
Élit
Erse
Êtes
Fisc
Gâta
Imbu
Item
Liai
Loti

Niai
Ores
Prof

5 **letters**
Aléas
Catir
Credo
Demie
Étend
Hello
Marte
Môles
Ôtent
Place

Plomb
Polis
Rocou
Tonus

6 **letters**
Éocène
Ligand
Milieu
Stress

7 **letters**
Adénite
Caudale
Concéda
Raserai

Reflets
Serdeau
Sophora
Trieras

8 **letters**
Assistée
Clameras
Égaliser
Oreiller
Rataient
Rigolade

Grid (numbered cells): 1 2 3 4 5 6 7 8 | 9 10 11 12; 13 | 14; 15 | 16 | 17; 18 | 19 | 20 | 21; 22 | 23 | 24 | 25; 26 27 28 | 29 | 30; 31 | 32 | 33; 34 | 35 | 36; 37 | 38 | 39; 40 41 | 42 | 43 | 44 45 46; 47 | 48 | 49 | 50; 51 | 52 | 53; 54 | 55

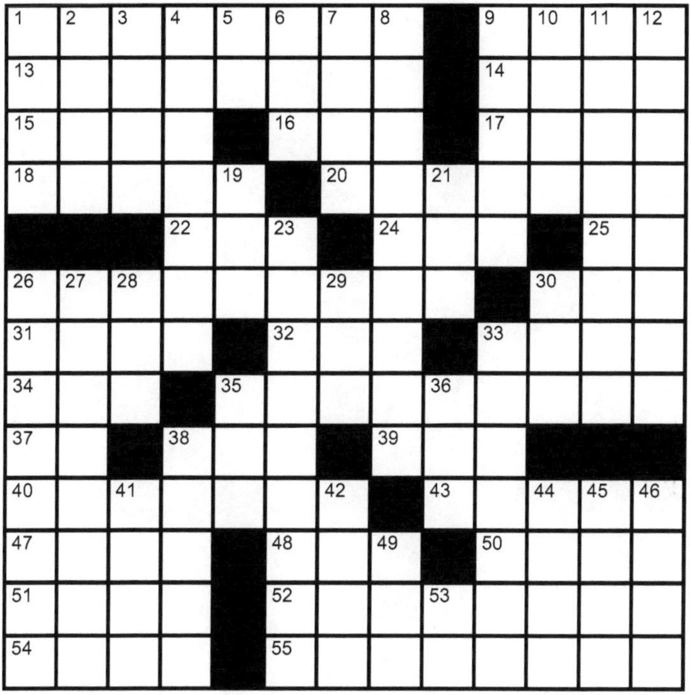

2 letters	Ère	Ébat	Rire	Attenter
Ci	Eue	Ende	Tort	Écureuil
In	Ile	État	Vida	Élucidée
Ne	Ire	Eues	**5 letters**	Énergies
Or	Moi	Hèle	Biset	Marinant
3 letters	Ria	Iran	Enter	Martiale
Aie	Sol	Itou	Idole	Ramonage
Ais	Son	Lais	Pétun	Ramonera
Alu	Ton	Loge	**7 letters**	**9 letters**
Art	Ure	Muet	Ensuite	Alentours
Bât	**4 letters**	Noël	Holding	Atermoyer
Bey	Aboi	Ôtai	Invitai	Émanation
Bru	Acon	Pâma	Orléans	Statuaire
Ème	Dais	Rêne	**8 letters**	

032

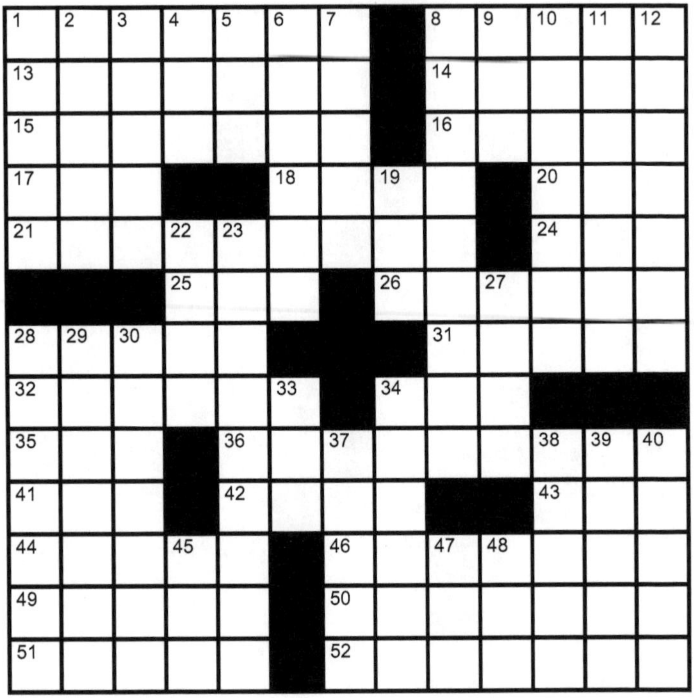

3 **letters**	Une	Mimer	Rareté	Tueront
Alu	Ure	Nenni	Tigron	9 **letters**
Are	Vie	Nuées	7 **letters**	Éreintera
Art	4 **letters**	Omise	Aimerai	Marmaille
Cet	Édam	Rends	Écoutée	Niaiserie
Der	Ende	Rieur	Élevées	Suavement
Dur	Goum	Tarde	Enduros	
Dus	Ivre	Tasse	Mineure	
Eus	5 **letters**	Tétée	Réitère	
Ive	Adret	Tétra	Ressens	
L'un	Atour	Tiède	Rudoies	
Noé	Aviné	6 **letters**	Tendant	
Ove	Épieu	Aveuli	Tireuse	
Pua	Loess	Écueil	Trocart	

033

1	2	3	4	5	6	7		8	9	10	11	12
13								14				
15								16				
17						18	19					
20				21		22				23		
			24		25					26		
27	28	29					30	31	32			
33					34	35						
36				37				38		39	40	41
42			43						44			
45						46	47	48				
49						50						
51						52						

3 letters
Ara
Déc
Ère
Été
Éva
Ide
Lai
Lie
Out
Phi
Tan
Uri

4 letters
Aida
Aide
Lait
Urne

5 letters
Carat
Clamp
Close
Ébats
Égara
Esses
Êtres
Éveil
Idole

Iléus
Large
Liège
Lient
Manda
Odeur
Olive
Photo
Sérac
Teint
Tollé

6 letters
Étroit
Lardés

Loisir
Soleil

7 letters
Aguerri
Dédorer
Estampe
Éteigne
Évasait
Incuber
Isoloir
Lançais
Oiseler
Orangés
Réélues

Rentier
Satiété
Secrets
Semelle
Terrier

034

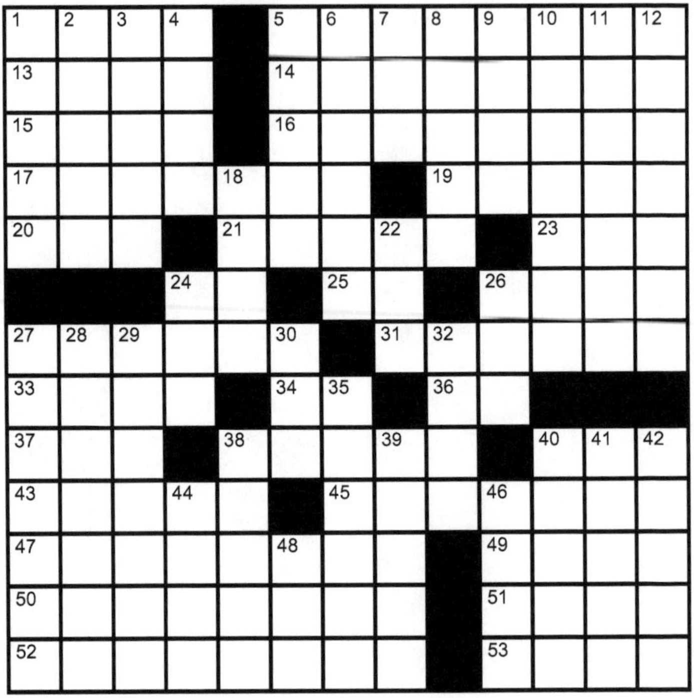

2 **letters**	Sil	Ruai	Réels	Hésitai
Eh	Tir	Urne	Resta	Malvenu
Es	4 **letters**	Vrac	Sulky	Propage
In	Esse	5 **letters**	Tarit	Rentrai
Ré	Êtes	Aurai	6 **letters**	8 **letters**
3 **letters**	Grec	Benêt	Aphtes	Écartant
Ers	Hume	Blâma	Ivraie	Égaierai
Etc	Irai	Câble	Nageai	Grillera
Ida	Kiev	Épine	Recule	Latanier
Ira	Lite	Grenu	7 **letters**	Redoives
Ire	Miel	Ignée	Agnelet	Teintais
Khi	Nain	Lorry	Astasie	
Nos	Orbe	Maris	Évasera	
Oie	Pack	Promo	Gâchage	

1	2	3	4	5	6	7	8	■	9	10	11	12
13								■	14			
15				■	16			■	17			
18			19	■	20		21					
■	■	22		23	■	24			■	25		
26	27	28				29			■	30		
31				■	32			33				
34			■	35				36				
37		■	38				39			■	■	■
40		41				42	■	43		44	45	46
47				■	48		49	■	50			
51				■	52		53					
54				■	55							

2 letters
Aï
Av
Ce
Lu

3 letters
Ait
Blé
Bob
Cal
Cet
Cit
Con
Coq
Dru
Lie
Mûr
Nie
Nos
Ois
Pot
Rel
Tee
USD

4 letters
Agen
Aven
Cela
Cèpe
Club
Dire
Elle
Élut
Ères
Erra
Erse
Esse
Iode
Ores
Rail
Rime
Rive
Sert
Tirs
Urus

5 letters
Court
Nabab
Pilée
Seras

7 letters
Antique
Intérim
Litanie
Satrape

8 letters
Acclamer
Aliénais
Essaimer
Esseulée
Gélivure
Peuplade
Rencarde
Sédiment

9 letters
Citronnée
Rabiboche
Relâchera
Solitudes

036

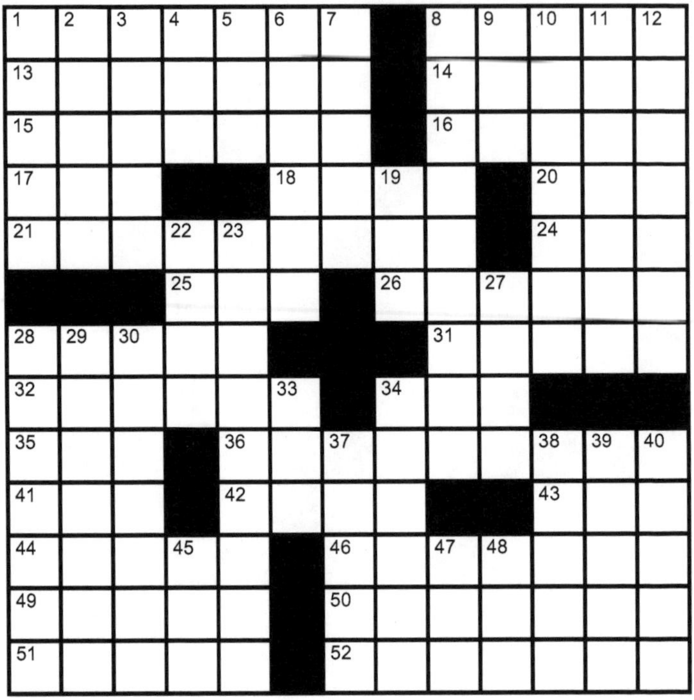

	3 **letters**	Sen	Évase	Ovules	Visages
	Agi	Sol	Gâter	Reliée	9 **letters**
	Ais	Top	Ignée	7 **letters**	Énerverai
	Ami	4 **letters**	Impie	Alterne	Irakienne
	Arc	Écru	Nitre	Anomale	Travestis
	Art	Lits	Round	Aveline	Visiterai
	Car	Rapt	Serai	Béotien	
	Dis	Teck	Siens	Édentée	
	Été	5 **letters**	Tarir	Espérés	
	Éva	Alise	Vamps	Insérer	
	Ire	Arabe	Vérin	Iraient	
	Lei	Aride	6 **letters**	Militer	
	Mol	Éleva	Initia	Puisait	
	Ont	Ester	Nantes	Rêveras	

1	2	3	4	5	6	7	■	8	9	10	11	12
13							■	14				
15							■	16				
17				■	■	18	19					
20			21	■	22			■	23			
■	■	24		25			■	26				
27	28	29				■	30	31	32			
33			■	34	35			■	■	■		
36			■	37			■	38		39	40	41
42		43				■	■	44				
45				■	46	47	48					
49				■	50							
51				■	52							

3 letters
Ace
Âne
Ars
Bof
Ire
Née
Nie
Ohm
Ont
Pif
Rut
Tub

4 letters
Fous
Gère
Meut
Nana

5 letters
Ainée
Amena
Coeur
Crêpe
Diapo
Égard
Esche
Esses
Grand

Huera
Indus
Issue
Philo
Relai
Semer
Soeur
Tâche
Teste
Tmèse
Troue

6 letters
Harems
Obérer

Sérail
Urètre

7 letters
Alerter
Amenant
Aniline
Athènes
Dressée
Écoeure
Éraflée
Gravons
Happait
Plommée
Râblées

Referas
Refonds
Remanie
Repérer
Varappe

038

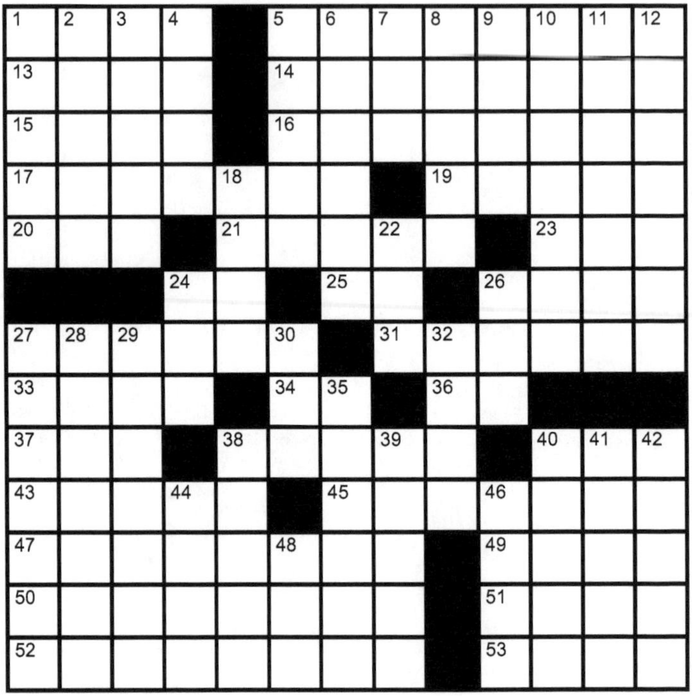

2 letters
Au
Dg
Po
Va

3 letters
Aga
Fut
Ile
Ire
Ive
Lai
Lin
PAO
Psi
Tau

4 letters
Agio
Apex
Indu
Mana
Miel
Osée
Papa
Rend
Rond
Show
Spot
Tain
Taxi
Trio

5 letters
Adore
Aléas
Atome
Avers
Évasa
Haras
Indue
Opère
Papal
Pions
Réagi
Redan
Sonde
Spahi

6 letters
Adorer
Amante
Fêtard
Malawi

7 letters
Agitent
Harissa
Linotte
Malaria
Nierait
Ortolan
Ovation
Sereine

8 letters
Ateliers
Attenter
Effarons
Intégrer
Rétiaire
Veulerie

1	2	3	4	5	6	7	8	■	9	10	11	12
13								■	14			
15				■	16			■	17			
18				19	■	20		21				
■	■	22		23	■	24			■	25		
26	27	28			29			■	30			
31			■	32			■	33				
34			■	35			36					
37		■	38			■	39			■	■	■
40		41			42	■	43		44	45	46	
47			■	48		49	■	50				
51			■	52		53						
54			■	55								

2 letters
Et
Fa
Ni
Ta

3 letters
Api
Art
Épi
Eus
Ida
Min
Mol
Net
Que
Rem
Rie
Rue
Sic
Sis
Sua
Sut
Toc
Vis

4 letters
Abot
Arum
Chic
Dîna
Ébat
Élan
Émou
Erse
Êtes
Fine
Hier
Iran
Lape
Nais
Oint
Pont
Rare
Redû
Reis
Rend

5 letters
CD-ROM
Étale
Étend
Usées

7 letters
Intérim
Pattern
Sonores
Unitive

8 letters
Causante
Enfièvre
Indéfini
Isotrope
Maintien
Ordinale
Rainurer
Sécantes

9 letters
Australie
Encornets
Esquivais
Rosissent

040

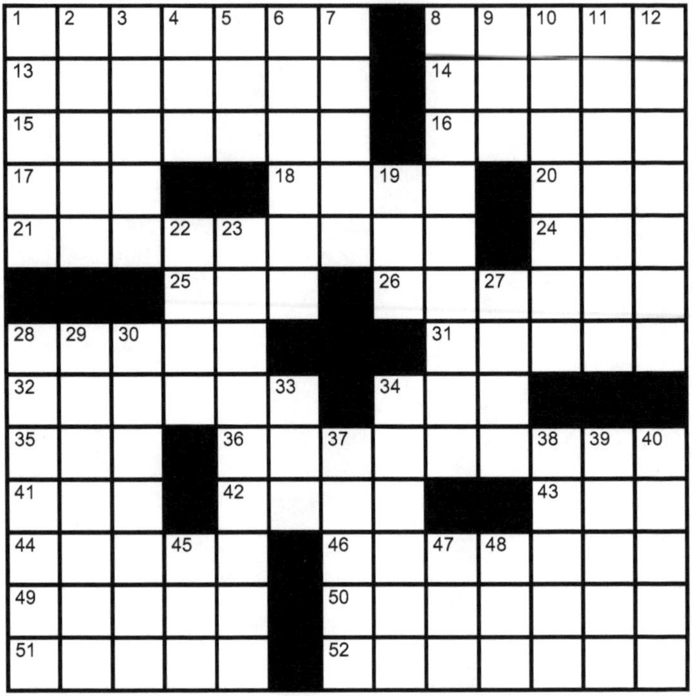

3 letters
Sen
Ace
Art
Bis
Ème
Épi
Erg
Est
Fée
Fil
Ida
Ira
Lin
Pus

Sol
Uni

4 letters
Égal
Lèse
Miel
Vêts

5 letters
Avril
Biffe
Damer
Ébats
École

Enter
Essai
Esses
Étira
Lutte
Médit
Radar
Régir
Rirai
Roule
Siéra

6 letters
Félidé
Massue

Nument
Réélut

7 letters
Adopter
Assagis
Barbare
Baudets
Disette
Élimina
Empirée
Frustes
Ivoires
Modeler
Reliera

Retenti

9 letters
Démesurée
Éleveuses
Essuierai
Irréelles

041

1	2	3	4	5	6	7		8	9	10	11	12
13								14				
15								16				
17						18	19					
20				21		22				23		
			24		25					26		
27	28	29					30	31	32			
33				34	35							
36				37				38		39	40	41
42			43						44			
45					46	47	48					
49					50							
51					52							

3 letters
Âme
Ego
Été
Euh
Fla
Lin
Lit
Nos
Ose
Pan
Rem
USD

4 letters
Fors
Pâli
Sert
Stop

5 letters
Alibi
Esses
États
Fiées
Geôle
Ilion
Irise
Marée
Nègre

Ortie
Otage
Puera
Rente
Smash
Sport
Tâtée
Tenir
Titre
Torse
Trust

6 letters
Flegme
Régner

Situer
Tancer

7 letters
Camping
Canaris
Émousse
Endetta
Étésien
Fluette
Gerfaut
Listait
Orillon
Reboise
Relatai

Restées
Teinter
Triceps
Uniment
Upsilon

042

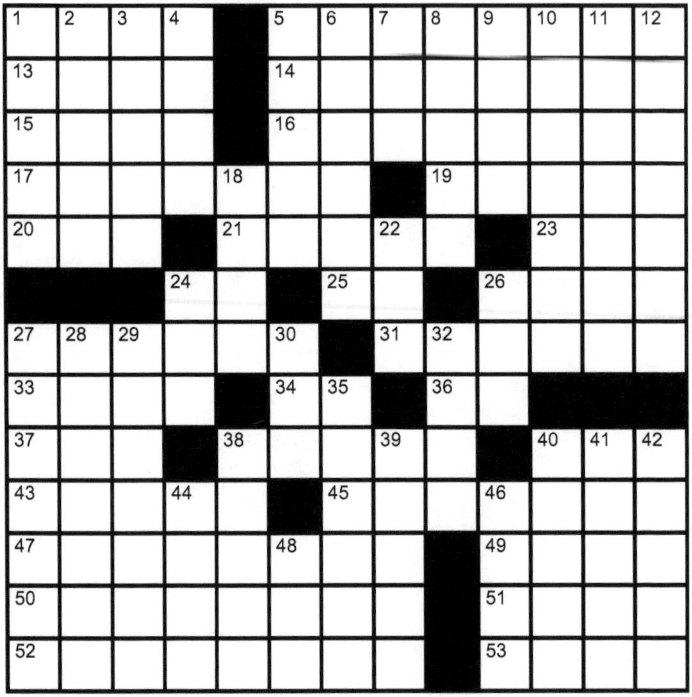

2 letters
Es
Ie
Ms
Xe

3 letters
Dur
Ers
Est
Eue
Lai
Mus
Nés
Set
Tee
Tic

4 letters
Aère
Alfa
Bras
Duit
Élie
Êtes
Fera
Muse
Rate
Ruse
Seau
Tell
Tète
Upas

5 letters
Accot
Aérer
Arrêt
Baffe
Crime
Enfle
Étals
Étira
Onces
Ourse
Réels
Remet
Tolet
Usent

6 letters
Écrire
Menuet
Stress
Vortex

7 letters
Éperlan
Essaies
Fleuret
Muscade
Nations
Oseille
Rueront
Serrais

8 letters
Alourdir
Crémiers
Danseurs
Enserrée
Noueuses
Overdose

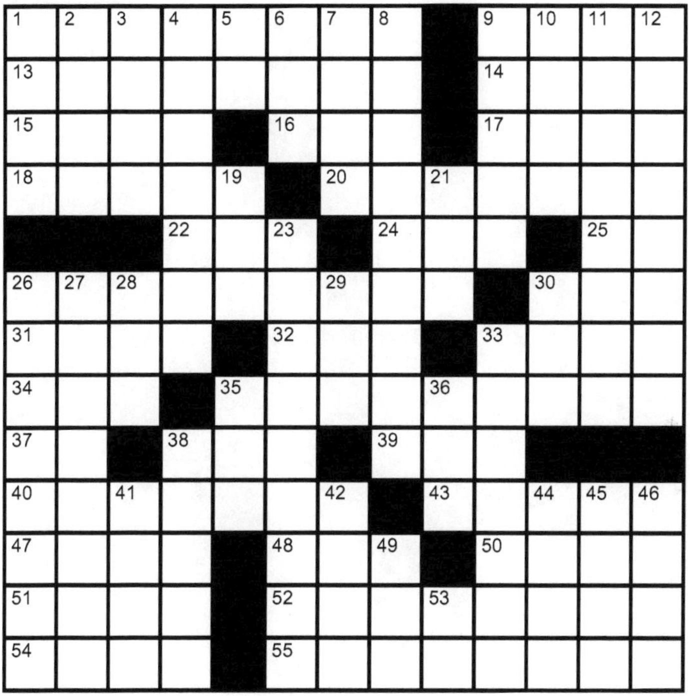

043

2 **letters**	Hui	Date	Sots	Clôturer
Ah	Ion	Élus	Test	Esthètes
If	Luc	Ères	Tria	Identité
Tu	Mie	Erse	**5 letters**	Irréfuté
Ut	Net	Étal	Déité	Sécurité
3 letters	Ose	Êtes	Érode	Stéatite
Air	Ôte	Irai	Lasso	Stérilet
Cal	Vie	Mass	Prose	Targuées
Coi	Vis	Obit	**7 letters**	**9 letters**
Cpt	Zou	Oser	Citrate	Cicatrise
Dot	**4 letters**	Prit	Leasing	Schneider
Dpi	Abat	Roda	Ressens	Télémètre
Est	Aies	Rosi	Rumeurs	Zaïroises
Etc	Cite	Sial	**8 letters**	

044

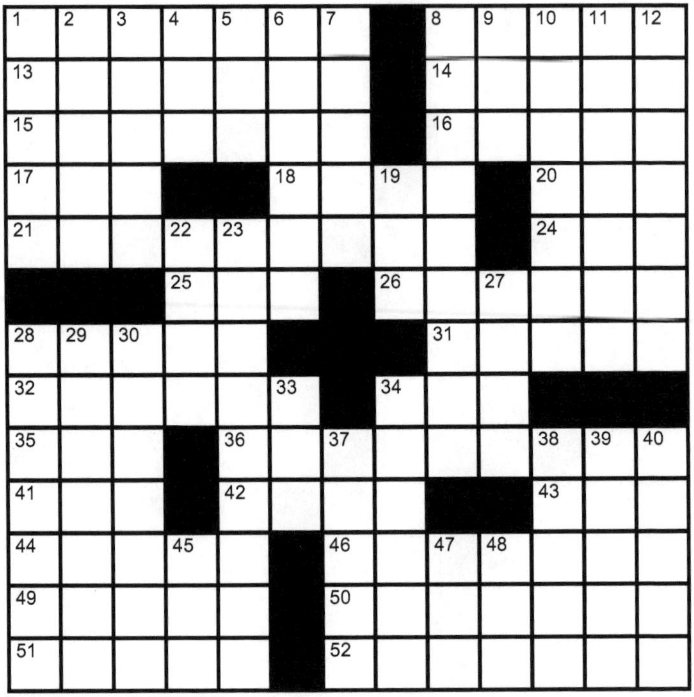

	3 **letters**	Tin	Erres	Énième	Vannage
	Ale	Uni	Évada	Paella	9 **letters**
	Ana	Uri	Hadji	7 **letters**	Cicatrice
	Ans	4 **letters**	Idiot	Alanine	Exauceras
	Arc	Erre	Iléus	Artisan	Isolement
	Axe	Étai	Laser	Assener	Petit-lait
	Dom	Lady	Lasso	Dessein	
	Ère	Lier	Puera	Ébouler	
	Jus	5 **letters**	Rênes	Éliront	
	Min	Aimer	Sente	Erratum	
	Mir	Cornu	Tires	Hilares	
	Ont	Crues	6 **letters**	Réélire	
	Pie	Égara	Allure	Sanctus	
	Rie	Émets	Baryum	Ulmaire	

045

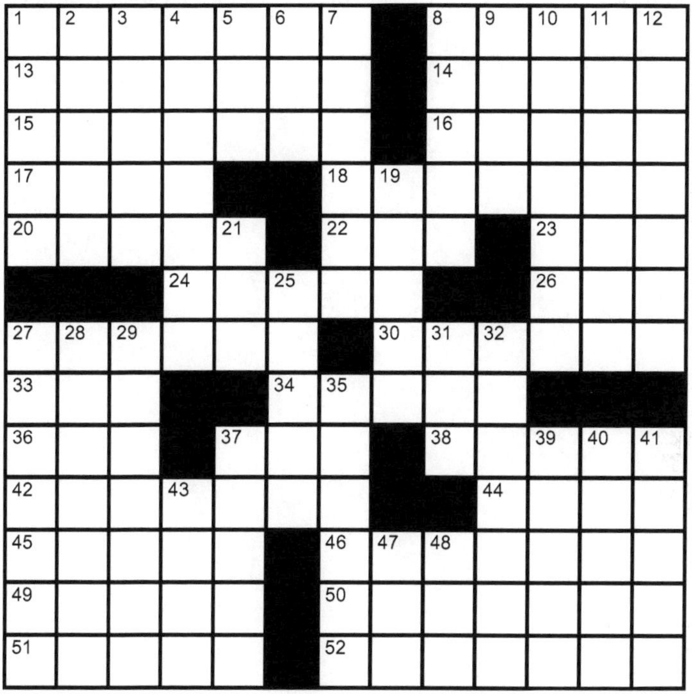

3 letters
Ana
Ego
Hem
Mol
Nez
Nue
Ode
Ont
Put
Rel
Tee
Use

4 letters
Hère
Ilot
Item
Note

5 letters
Aérée
Doigt
Eider
Épela
Erres
Étaie
Étaux
Galop
Germa
Légal
Libre
Loess
Messe
Paras
Redis
Remue
Rênes
Ruera
Sapin
Téter

6 letters
Étages
Sésame
Sucées
Treize

7 letters
Alambic
Althaea
Barbote
Ceindre
Déliées
Émotter
Énergie
Épandue
Exactes
Gardian
Initiai
Régions
Régleur
Ruminée
Saletés
Théâtre

046

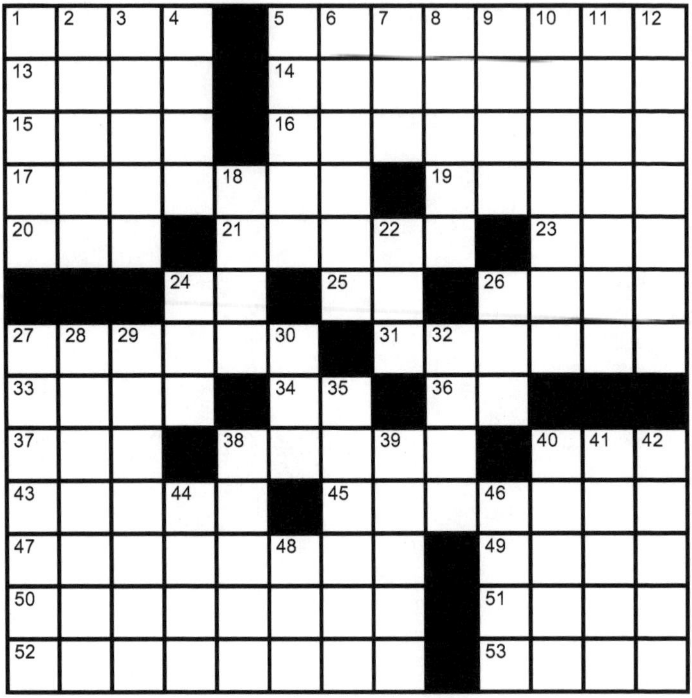

2 letters
Dm
Ex
Pt
Ri

3 letters
Air
Âme
Art
Dix
Ème
Épi
Ère
Eut
Rem
Uni

4 letters
Dime
Leva
Mess
Omis
Orle
Osai
Perm
Réer
Rida
Sera
Solo
Sors
Trio
Upas

5 letters
Aérée
Crase
Gérer
Girls
Ladre
Litée
Menai
Opium
Porto
Râler
Sampi
Surfé
Tuera
Uvule

6 letters
Ascèse
Émises
Rebond
Transe

7 letters
Adorais
Aisseau
Apeurée
Centime
Creusés
Essorés
Furioso
Servals

8 letters
Abîmions
Crustacé
Éleveuse
Essartée
Rasèrent
Renardes

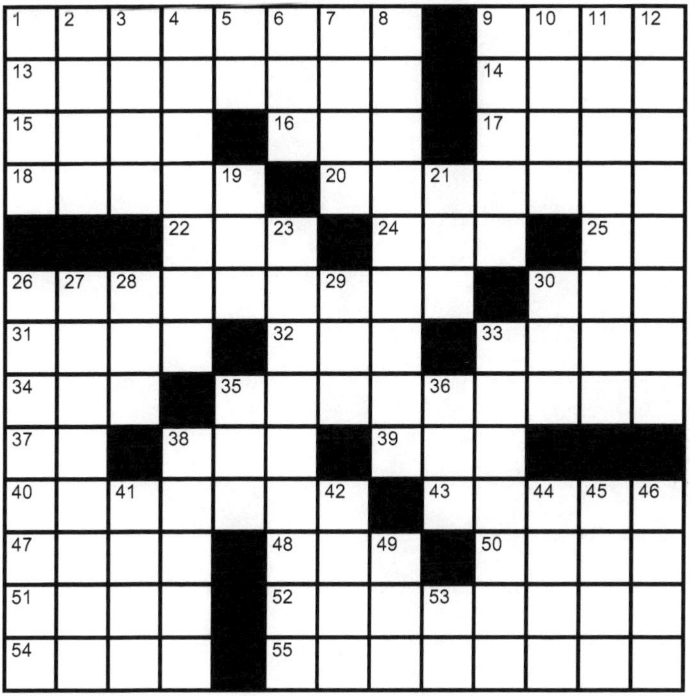

047

2 letters			
Ni	Lai	Alto	Rare
Ré	Lus	Anar	Tard
Ri	Mme	Anis	Urus
Si	Mol	Axes	**5 letters**
3 letters	Mua	Crie	Lents
Arc	Nul	Ébat	Loess
Bis	Pal	Émue	Noeud
Cap	Sis	Euro	Trama
Dan	Sûr	Ides	**7 letters**
Eue	Tir	Inox	Choucas
Eut	**4 letters**	Lacs	Dattier
Ida	Aboi	Lolo	Émérite
Ira	Acte	Môle	Encolle
	Ahan	Nome	**8 letters**

Alacrité
Cameroun
Éristale
Hocheras
Ordinand
Rosières
Ruinerai
Stérilet

9 letters
Escabelle
Parlement
Pinailler
Romaniser

048

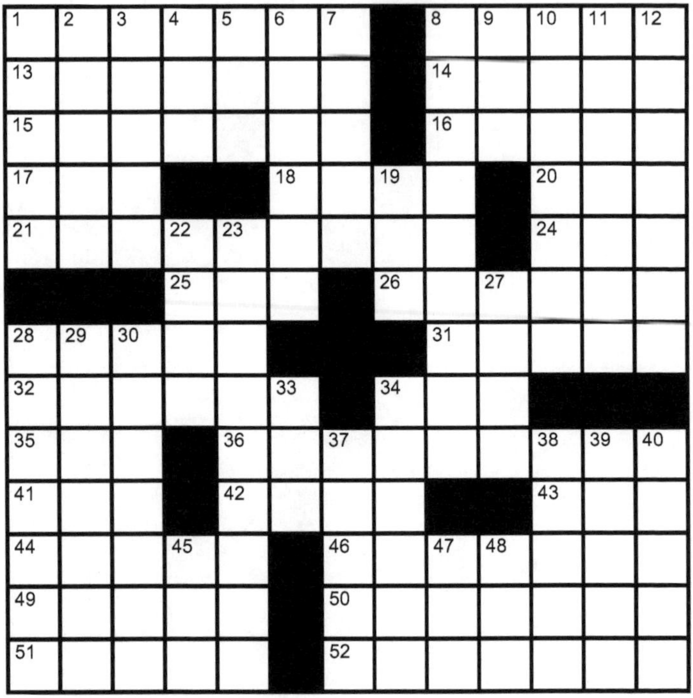

3 **letters**	Phi	Épate	Enraie	Utérine
Aie	Rie	Gaïac	Raller	9 **letters**
Air	Uri	Hampe	7 **letters**	Éterniser
Ale	4 **letters**	Iléon	Achevai	Hilarante
Api	Alfa	Ledit	Aridité	Niaiserie
Été	Étai	Niera	Céderez	Segmenter
Fer	Lien	Réels	Déplaça	
Fut	Rase	Riiez	Enterra	
Ide	5 **letters**	Surfé	Ignorai	
Ire	Aisée	Tarir	Médiale	
Lès	Atout	Teste	Nuisons	
Let	Avoir	6 **letters**	Poirier	
Nid	Candi	Écueil	Rosière	
Ode	Dansa	Émigre	Saturer	

049

1	2	3	4	5	6	7		8	9	10	11	12
13								14				
15								16				
17						18	19					
20				21		22				23		
		24		25					26			
27	28	29					30	31	32			
33				34	35							
36				37			38		39	40	41	
42		43					44					
45					46	47	48					
49				50								
51				52								

3 letters

Ail
Âne
Déc
Ers
Etc
Heu
Ide
Ion
Mer
Mit
Pal
Ver

4 letters

Asti
Mena
Mésa
Nord

5 letters

Avenu
Bruma
Cacao
Coeur
Défet
Dinde
Égard
Eider
États

Forêt
Gérer
Isard
Laper
Osons
Plomb
Raton
Rôtit
Séide
Taise
Tétin

6 letters

Évasée
Ocelle

Réelle
Sésame

7 letters

Aguiche
Amanite
Anthère
Atomise
Caramel
Coaches
Éclatai
Entende
Étamage
Lavande
Limitai

Loisirs
Opérées
Osseuse
Plaçais
Répares

050

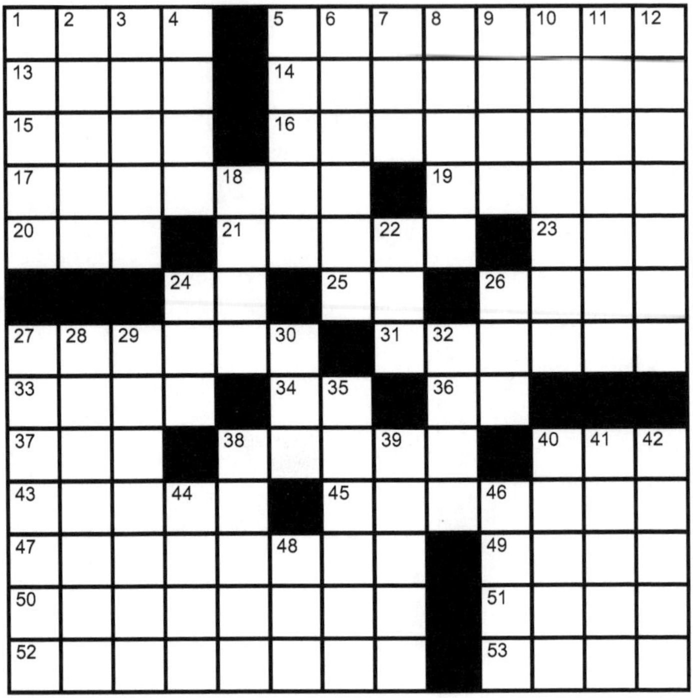

2 **letters**	Pro	Tome	Minus	Lexical
Bd	Zée	Urge	Pense	Stentor
Cr	4 **letters**	Zéro	Rauch	Stiefel
le	Afro	5 **letters**	Rôtit	Veiller
Oc	Élan	Aient	6 **letters**	8 **letters**
3 **letters**	Émou	Aleph	Cadran	Aggravés
Axe	Fado	Appel	Clayon	Altèrent
Bye	Lève	Colin	Gallec	Écartera
Ère	Ment	Daman	Opérer	Parafent
Est	Muse	Émail	7 **letters**	Pleurite
Gré	Nets	Émets	Avenant	Rangerai
Ida	Perm	Ester	Clamera	
Let	Pile	Irait	Dressai	
Nom	Stem	Isole	Entière	

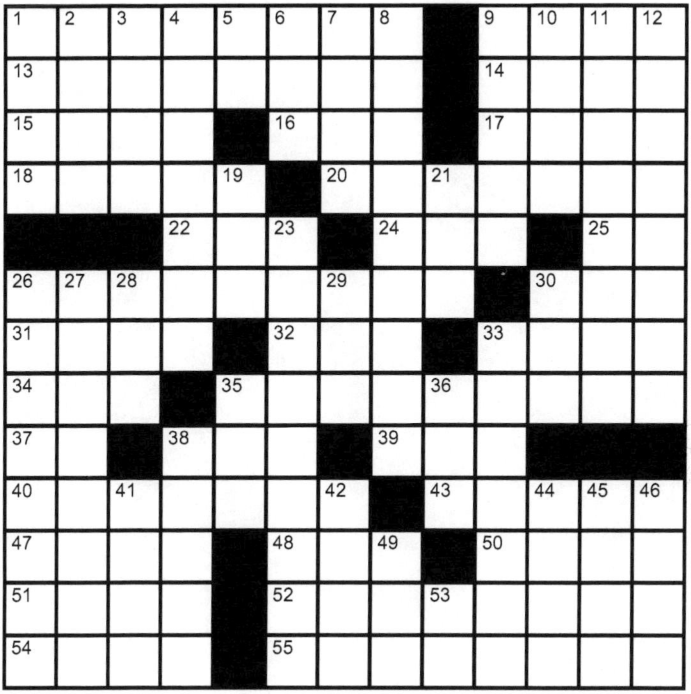

Grid numbers: 1 2 3 4 5 6 7 8 9 10 11 12 / 13 14 / 15 16 17 / 18 19 20 21 / 22 23 24 25 / 26 27 28 29 30 / 31 32 33 / 34 35 36 / 37 38 39 / 40 41 42 43 44 45 46 / 47 48 49 50 / 51 52 53 / 54 55

2 letters			
	Jan	Brie	Sire	Absconse
Cg	Min	Élue	Tirs	Antichar
Cr	Par	Esse	Tuez	Beaucoup
Ct	Pus	Euro	**5 letters**	Courtine
Ex	Rem	Lier	Armai	Droguais
3 letters	Rut	Lion	Jasée	Internée
Air	Son	Malt	Nazie	Irrésolu
C-à-d	Tin	Méat	Palme	Soixante
Cep	Tri	Nais	**7 letters**	**9 letters**
Con	Tua	Nota	Irritée	Admettais
Cor	**4 letters**	Ôter	Outarde	Attendris
Eut	Acon	Rien	Ramassa	Péricarpe
Fui	Albi	Roue	Reparue	Redéfinir
Hic	Anar	Sial	**8 letters**	

052

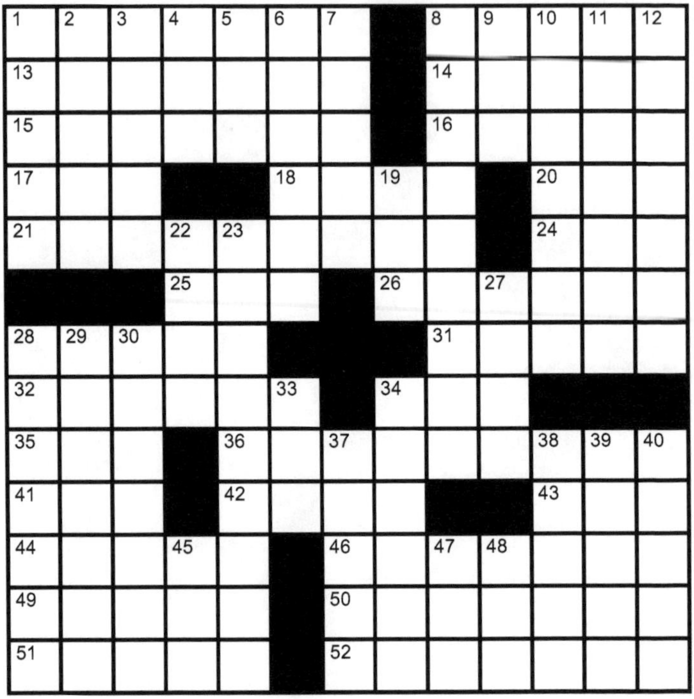

3 **letters**	Sut	Étant	Ôterai	Taisent
Ace	Tes	Étape	Sensée	9 **letters**
Alu	Ure	Isola	7 **letters**	Édifiante
Cil	4 **letters**	Mètre	Adopter	Énerverai
Écu	Esse	Nient	Arsenic	Lutteuses
Eus	Fieu	Prise	Avocate	Vrillette
Ive	Ruai	Reste	Étalent	
Lac	Self	Sanie	Étraves	
Ont	5 **letters**	Sucés	Méprise	
Ôte	Assai	Tarot	Pélican	
Oui	Dévêt	Tsars	Raucité	
Pré	Élite	6 **letters**	Scieras	
Ras	Ester	Caftan	Situées	
Ris	Étain	Docile	Sourate	

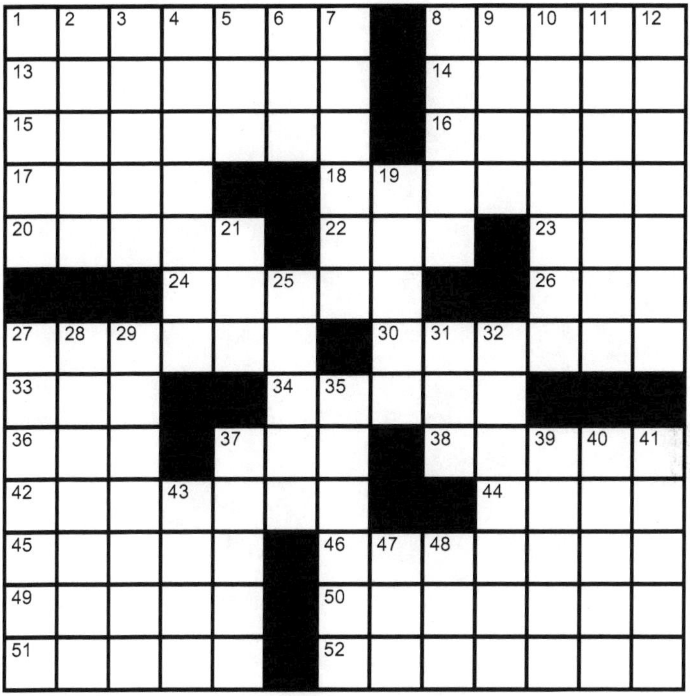

3 letters
Ana
Api
Boa
Ego
Ère
Éva
Ion
Lès
Lut
Ria
Rot
Uri

4 letters
Alun
Iran
Item
Ragé

5 letters
Adage
Aigüe
Atout
Avala
Basée
Baser
Émise
Encas
Gelée
Gigot
Grève
Nabab
Neigé
Opère
Rates
Sirop
Surgi
Talus
Tétée
Urate

6 letters
Pensai
Rasage
Récits
Sarrau

7 letters
Ailloli
Alinéas
Avalera
Baliser
Cédille
Égrenée
Entêtée
Goulues
Natales
Noircit
Ôteront
Pesetas
Peuvent
Raturai
Rognure
Verrats

054

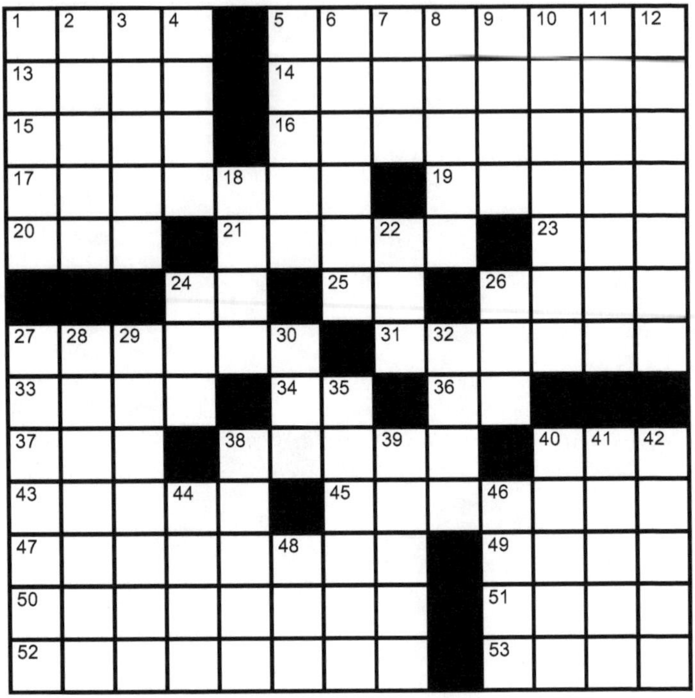

2 **letters**	Pop	Ovni	Mince	Égermer
Çà	Uri	Paix	Otite	Gosette
Ms	**4 letters**	Sols	Pèses	Morasse
Un	Acmé	**5 letters**	Ptôse	Reniant
Us	Amas	Adieu	**6 letters**	**8 letters**
3 letters	Cour	Agami	Embase	Affamera
Car	Déni	Apode	Fuseau	Assirent
Dus	Dois	Caïeu	Signal	Assoient
Ère	Éden	Cavet	Tourte	Guidages
Été	Este	Chili	**7 letters**	Isolerai
Euh	Exil	Écria	Astasie	Sensuels
Fis	Marc	Lotis	Buisson	
Mas	Nées	Massa	Déclame	
Ont	Omis	Miaou	Écumais	

055

Grid numbers across rows:
1 2 3 4 5 6 7 8 | 9 10 11 12
13 | 14
15 | 16 | 17
18 | 19 | 20 | 21
22 | 23 | 24 | 25
26 27 28 | 29 | 30
31 | 32 | 33
34 | 35 | 36
37 | 38 | 39
40 | 41 | 42 | 43 | 44 45 46
47 | 48 | 49 | 50
51 | 52 | 53
54 | 55

2 letters

Al
Mu
Or
Ri

3 letters

Ace
Agi
Ait
Api
Cor
Cpt
Dus
Eue

Fis
Ira
Léa
Mme
Moi
Nés
Nid
Rem
Soi
Tek

4 letters

Anus
Ardu
Clés
Club
Élan
Erra
Étui
Fais
Héla
Isba
Ital
Leur
Liai
Loir
Niai
Pane
Roll

Sise
Stem
Tari

5 letters

Salsa
Salut
Selfs
Spahi

7 letters

Canular
Escarre
Ischion
Lamento

8 letters

Blâmerai
Chicaner
Endormir
Ergotais
Létalité
Meunière
Récusons
Zaïroise

9 letters

Affairiez
Breakfast
Caténaire
Ressasser

056

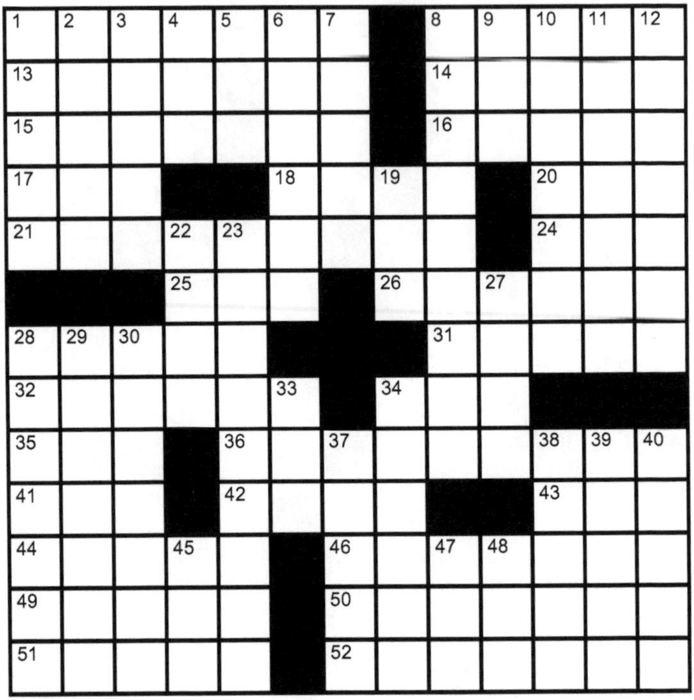

3 letters
Dey
Don
Élu
Éva
Hop
Ici
Ida
Kir
Lac
Lit
L'un
Nia
Pep
Rel
Rut
Ure

4 letters
Cule
Insu
Jupe
Vais

5 letters
Avoir
Bâfre
Élans
Épars
Essai
Évide
Groom
Hecke
Prèle
Prolo
Psoas
Repas
Senne
Thème
Torée
Tuées

6 letters
Injure
Lièvre
Peupla
Réveil

7 letters
Allumer
Cofacés
Épandue
Essayés
Évadais
Habille
Lanière
Opérera
Ovation
Prélegs
Revivre
Sautées

9 letters
Érectrice
Présenter
Supérette
Troisième

Grid (numbered crossword fill-in):

| 1 | 2 | 3 | 4 | 5 | 6 | 7 | ■ | 8 | 9 | 10 | 11 | 12 |

| 13 | | | | | | | ■ | 14 | | | | |

| 15 | | | | | | | ■ | 16 | | | | |

| 17 | | | | ■ | ■ | 18 | 19 | | | | | |

| 20 | | | | 21 | | 22 | | | ■ | 23 | | |

| ■ | ■ | | 24 | | 25 | | | ■ | 26 | | | |

| 27 | 28 | 29 | | | | ■ | 30 | 31 | 32 | | | |

| 33 | | | ■ | 34 | 35 | | | ■ | ■ | ■ | ■ | |

| 36 | | | ■ | 37 | | | ■ | 38 | | 39 | 40 | 41 |

| 42 | | 43 | | | | ■ | ■ | 44 | | | | |

| 45 | | | | ■ | 46 | 47 | 48 | | | | | |

| 49 | | | | ■ | 50 | | | | | | | |

| 51 | | | | ■ | 52 | | | | | | | |

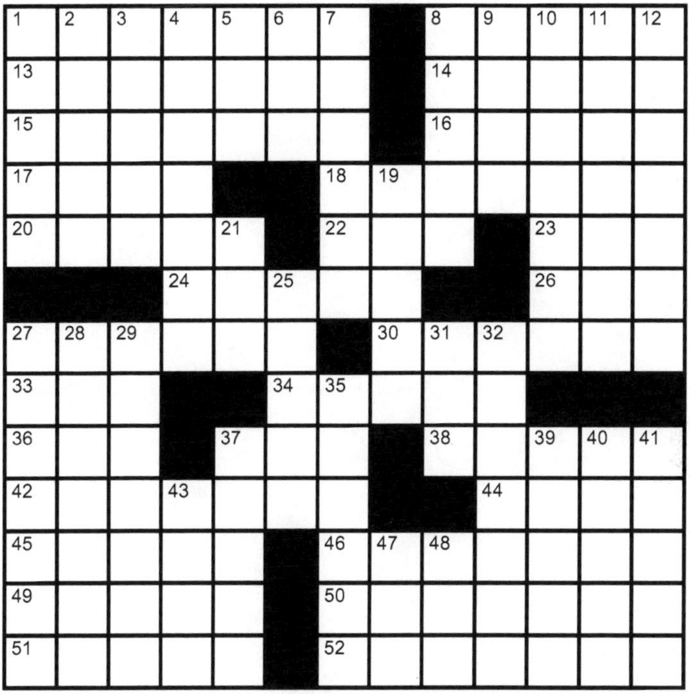

3 letters
Aboi
Ain
Cet
Cou
Dpi
Ère
Etc
Lac
Léa
Phi
Ter
Tes
Tom

4 letters
Diva
Lait
Nier
Laser

5 letters
Aines
Amuïr
Arrêt
Cerna
Ébène
Évadé
Éveil
Garer

Légat
Lille
Nitre
Opter
Rival
Rosit
Salis
Tarir
Terri
Volet
Zeste

6 letters
Acérée
Élisée

Okoumé
Rasade
Ressacs

7 letters
Aoriste
Caleter
Écumées
Édilité
Émanera
Entrevu
Étourdi
Initiée
Iridium
Khédive
Oisives

Opterez
Récital
Ressacs
Retente
Rustres

058

1	2	3	4		5	6	7	8	9	10	11	12
13					14							
15					16							
17				18				19				
20				21			22			23		
			24			25			26			
27	28	29			30		31	32				
33					34	35		36				
37				38			39			40	41	42
43			44			45			46			
47				48					49			
50									51			
52									53			

2 letters
Aï
Al
Et
Oc

3 letters
Ale
Âme
Est
Été
Gal
Noé
Ôte
Rat

Soc
Tut

4 letters
Amas
Asie
Gère
Haïr
Idée
Inné
Iran
Issu
Lava
Nets
Rhin

Sang
Unis
Vase

5 letters
Alizé
Aussi
Avant
Égide
Émane
Erres
Haine
Hères
Maris
Rosat

Sabot
Teint
Tétra
Troua

6 letters
Barmen
Créant
Évasés
Scribe

7 letters
Adorera
Bistrot
Égermer
Entités

Recouds
Siestes
Tonsure
Zingari

8 letters
Éclosion
Ordinand
Réunirai
Tassette
Tressent
Tsariste

1	2	3	4	5	6	7	8	■	9	10	11	12
13								■	14			
15				■	16			■	17			
18			19		■	20		21				
■	■	22		23		■	24			■	25	
26	27	28				29			■	30		
31			■	32			■	33				
34			■	35			36					
37		■	38			■	39			■	■	■
40		41			42	■	43		44	45	46	
47			■	48		49		■	50			
51			■	52		■	53					
54			■	55								

2 letters
CO
Er
Ma
Pp

3 letters
Aie
Âme
Api
Ara
Dis
Éon
Êta
Fan
Hum
Lot
Men
Mir
Nom
Rie
Sot
Tin
Ure
Val

4 letters
Aces
Afro
Arec
Cour
Duit
Élis
Erre
Guru
Hoir
Ital
Lare
Logo
Néon
Ries
Ring
Saga
Star
Tais
Tuée
Urée

5 letters
Alger
Fente
Osées
Tasse

7 letters
Absence
Anhéler
Coderas
Ulnaire

8 letters
Attachai
Égareras
Égrapper
Faubourg
Flamande
Interagi
Lamaneur
Sous-pied

9 letters
Fluctuais
Ignominie
Mutinerie
Vieillard

060

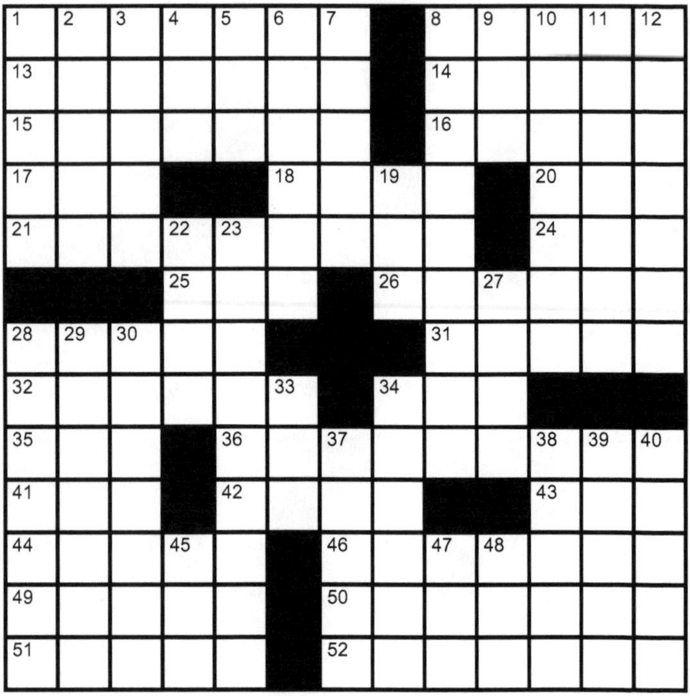

3 **letters**	Ter	Étale	Goémon	Seringa
Agi	Tir	Idéal	Timing	9 **letters**
Dan	Van	Largo	7 **letters**	Aiderions
Été	4 **letters**	Leste	Agitato	Dépériras
Gal	Âtre	Morve	Batelet	Élévateur
Gît	Iode	Parer	Élégant	Rhéostats
Lei	Malt	Rasta	Entités	
Ôta	Vrac	Signe	Garerai	
Put	5 **letters**	Suées	Implore	
Rho	Atout	Tarse	Loueuse	
Rie	Bagad	Toits	Mistral	
Rue	Dopes	6 **letters**	Odieuse	
Rut	Édile	Agacer	Paradis	
Tau	Étain	Astate	Regrets	

061

1	2	3	4	5	6	7	■	8	9	10	11	12
13							■	14				
15							■	16				
17				■	■	18	19					
20				21	■	22			■	23		
■	■	24		25			■	■	26		
27	28	29				■	30	31	32		
33			■	34	35			■	■	■	■
36			37			■	38		39	40	41
42		43				■	■	44			
45				■	46	47	48				
49				■	50						
51				■	52						

3 letters

Anis
Bol
Eau
Été
Lie
L'un
Nom
Pus
Ris
Sen
Tub
Ure
Uri

4 letters

Erre
Leur
Mors

5 letters

Aleph
Armée
Avril
Canot
Comas
Déçus
Esses
Grisa
Largo
Mural
Niera
Osées
Régla
Rosir
Rudes
Ruina
Salop
Terri
Tison
Trais

6 letters

Abêtis
Éteule
Gousse
Obérer

7 letters

Adverse
Cratère
Égriser
Étamine
Gluante
Halener
Ironise
Mireuse
Ourdies
Ouvrait
Planète
Sèmeras
Trésors
Tunisie
Univers
Utérine

062

Crossword grid with numbered cells:

Row 1: 1, 2, 3, 4, [black], 5, 6, 7, 8, 9, 10, 11, 12
Row 2: 13, 14
Row 3: 15, 16
Row 4: 17, 18, 19
Row 5: 20, 21, 22, 23
Row 6: 24, 25, 26
Row 7: 27, 28, 29, 30, 31, 32
Row 8: 33, 34, 35, 36
Row 9: 37, 38, 39, 40, 41, 42
Row 10: 43, 44, 45, 46
Row 11: 47, 48, 49
Row 12: 50, 51
Row 13: 52, 53

2 letters
Ch
Li
Ré
Ru

3 letters
Art
Cas
Cpt
Cul
Écu
Ile
Lei
Ope

Ose
Sel
Li

4 letters
Abel
Able
Arum
Étui
Irai
Laïc
Lava
Mois
Nées
Oman
Ôtée

Pote
Sali
Unir

5 letters
Alibi
ASCII
Aster
Baril
Édile
Épave
Évase
Lésés
Nièce
Omise

Snobe
Texan
Tuyau
Vécus

6 letters
Cuiter
Défère
Hyoïde
Lasers

7 letters
Biscuit
Décorne
Étameur
Étouper

Fusille
Osmonde
Sensées
Tricote

8 letters
Acceptés
Citation
Éreinter
Nullarde
Relaxait
Supporte

063

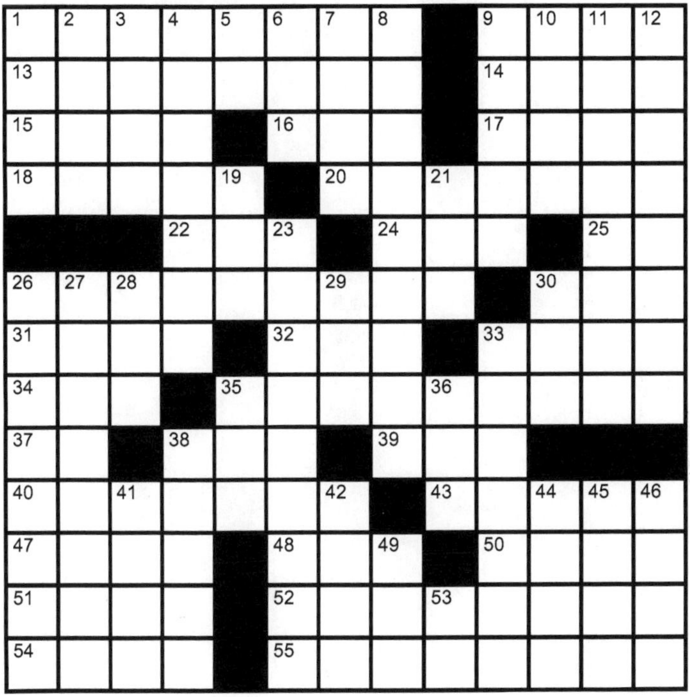

2 letters

Eh
Fa
Il
Or

3 letters

Boa
Dép
Etc
Éva
Fla
For
Fur
Lei
Lès
Lit
Nid
Nue
Oie
Ove
Psi
Rio
Ris
Vin

4 letters

Acmé
Airs
Âtre
Clip
Ères
Erre
Erse
Étau
Gère
Ilot
Ions
Iris
Itou
Lute
Rail
Serf
Soie
Tune
Unau
Vlan

5 letters

Avais
Éveil
Fusil
Orées

7 letters

Colinot
Ellipse
Lieront
Suavité

8 letters

Allaiter
Enrôlera
Enserrée
Entêtant
Marsouin
Sécheuse
Sifflage
Suicides

9 letters

Deviennes
Ristourne
Saboterai
Saillante

064

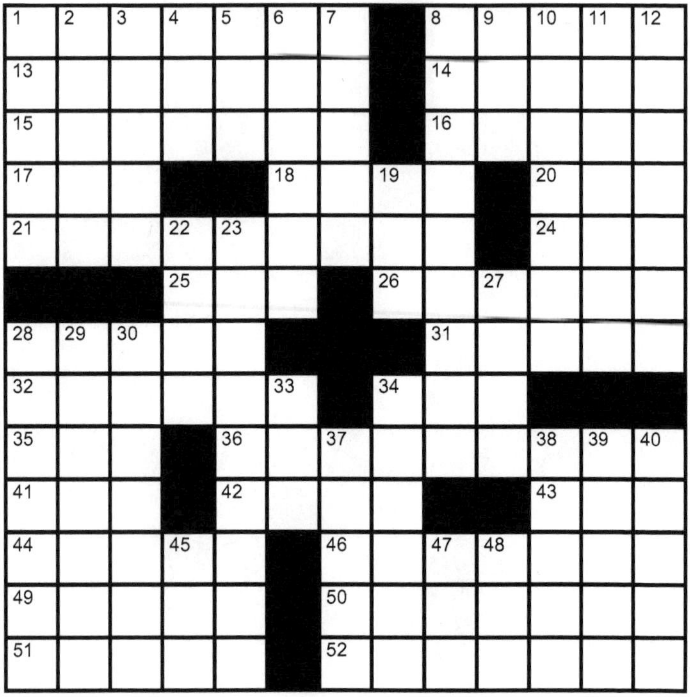

3 **letters**	Sas	Fovéa	Paella	Voilais
Ans	Sus	Nagés	Zurich	9 **letters**
Arc	Tic	Opiat	7 **letters**	Éternisée
Bob	4 **letters**	Plouc	Alberge	Eurasiens
Êta	Asie	Raids	Assèche	Furieuses
Fin	Déni	Reste	Codifie	Nucléaire
Ile	Rôti	Réuni	Endurci	
Lue	Roue	Riait	Îlotier	
Net	5 **letters**	Sosie	Lanière	
Nez	Cosse	Stère	Obscurs	
Osa	Darse	Usons	Opalins	
Out	Épris	6 **letters**	Plâtrer	
Pat	Errer	Inédit	Sirènes	
Pet	Esses	Labels	Tabasse	

065

Grid (numbered cells): 1 2 3 4 5 6 7 / 8 9 10 11 12
13 / 14
15 / 16
17 / 18 19
20 / 21 / 22 / 23
24 / 25 / 26
27 28 29 / 30 31 32
33 / 34 35
36 / 37 / 38 / 39 40 41
42 / 43 / 44
45 / 46 47 48
49 / 50
51 / 52

3 letters
Art
Boa
Cet
Écu
Ers
Pep
Rel
Sis
Soi
Son
Tan
Une

4 letters
Aéra
Allo
Aval
Mine

5 letters
Aient
Amère
Apnée
Avais
Clamp
Colin
Esses
Innée
Métal
Nagés
Panca
Pante
Rires
Roula
Sérac
Seras
Tétée
Trait
Troll
Tsars

6 letters
Biceps
Enroba
Ictère
Psaume

7 letters
Assomme
Buteras
Centrer
Entassa
Entêtée
Érosion
Esseulé
Inanimé
Mort-née
Naguère
Occlure
Roussir
Strasse
Termite
Tiercer
Usaient

066

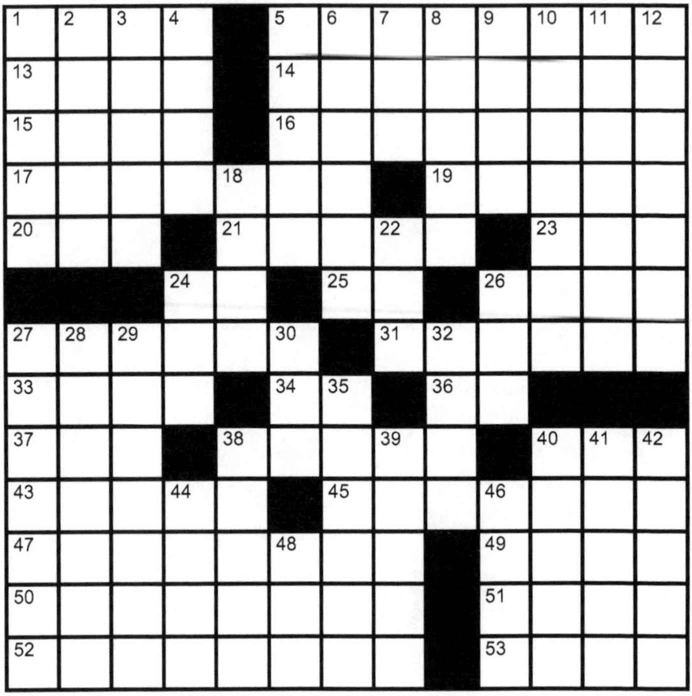

2 letters	Rut	Pote	Irise	Outrant
Aï	Ses	Rêne	Liant	Prévalu
Ex	4 letters	Rock	Obère	Réitère
Os	Afin	5 letters	Romps	Trémail
Ut	Brut	Almée	6 letters	8 letters
3 letters	Édam	Arête	Agrume	Chargeai
Art	Este	Auges	Écorne	Daignera
Axe	Kiev	Axait	Épiées	Égrainer
Eus	Lire	Cédés	Tatare	Entassée
Eux	Mède	Déplu	7 letters	Honneurs
Fla	Mère	Écrou	Arrêtés	Prévenir
Ire	Nier	Fades	Cruchon	
Lis	Obéi	Fumai	Ébrèche	
Met	Orna	Gavai	Ennemie	

067

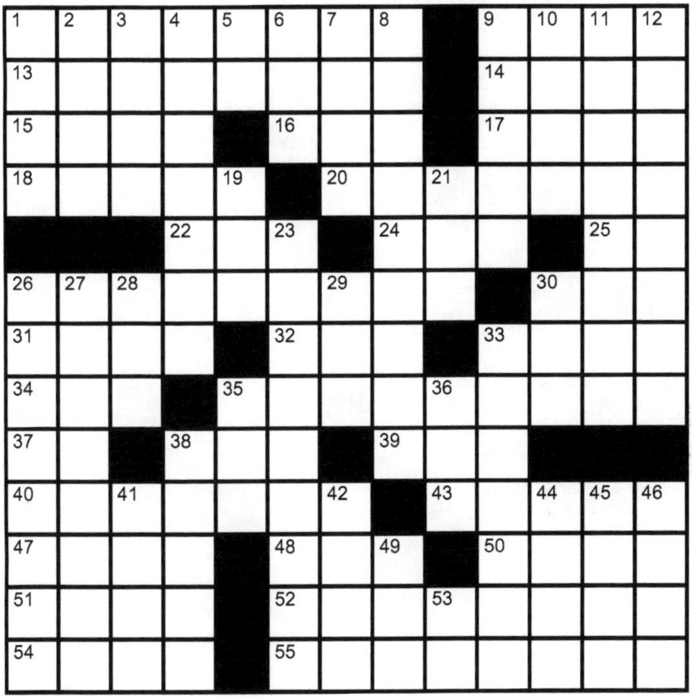

2 letters
Au
Lb
Où
Ri

3 letters
Agi
Air
Bis
Bru
Écu
Ego
Élu
Etc
Gré
Ici
Nez
Nos
Pie
Riz
Tee
Ter
Tôt
Une

4 letters
Aber
Able
Ante
Asti
Âtre
Dise
Édam
Ères
Erse
Gèle
Item
Meus
Miro
Néné
Ohio
Ores
Stem
Test
Urne
Urus

5 letters
Émane
Imago
Tempe
Tmèse

7 letters
Écumais
Émanées
Grumeau
Lamparo

8 letters
Aheurter
Artériel
Entabler
Intaille
Moisisse
Monogame
Récusées
Taillent

9 letters
Interagir
Marronner
Testicule
Trempette

068

3 letters
Son
Ale
Alu
Âne
Dan
Ère
Lie
Née
Ois
Ont
Pin
Rie
Rot
Sen

Tue
Vas

4 letters
Leur
Lods
Nier
Robe

5 letters
Arabe
Avant
Cessa
Coron
Enter

Esses
Essor
Laine
Nimbe
Nitre
Omise
Opiat
Stand
Tulle
Turne
Union

6 letters
Atrium
Méteil

Nénies
Telles

7 letters
Abouler
Amorcés
Attesta
Émettes
Imitait
Irréels
Lierais
Luronne
Moulées
Octante
Renient

Teneuse

9 letters
Énerverai
Littérale
Onusienne
Vieillard

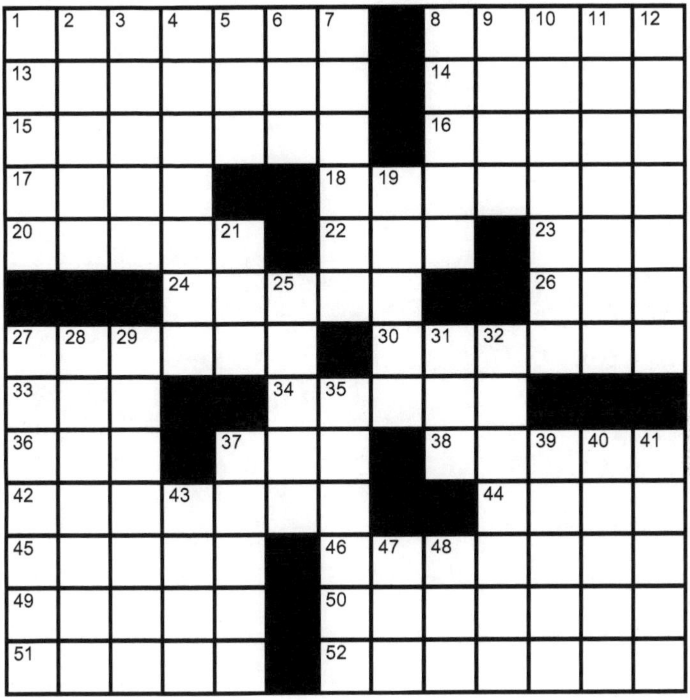

3 letters

Ale
Âne
Duo
Eut
Née
Ove
Pet
Rut
Tee
Tek
Tic
Yen

4 letters

Abée
Émir
Lest
Puer

5 letters

Aérer
Appel
Arête
Auras
Créée
Farts
Irise
Koala
Ledit
Lorry
Niées
Nurse
Obéir
Périr
Primo
Recès
Repli
Sampi
Sorgo
Tétée

6 letters

Radine
Réarma
Stress
Tirade

7 letters

Amarrai
Angélus
Apparat
Atteste
Avalisa
Avivera
Décatir
Irisées
Méplate
Muerait
Pilules
Pirater
Prémuni
Réopère
Reperde
Rotatif

070

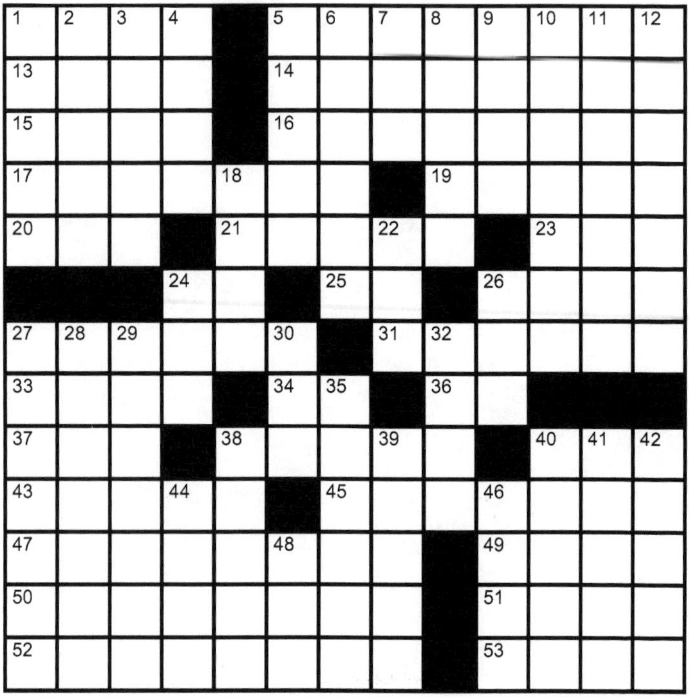

2 **letters**	Pus	Sexe	Ovule	Haricot
Br	Ski	Tour	Périr	Orfèvre
En	**4 letters**	Tués	Piler	Rasoirs
Kg	Ados	**5 letters**	Skiff	Sidérer
Po	Coll	Alors	**6 letters**	**8 letters**
3 letters	Élus	Citai	Gloire	Écolière
Bru	Êtes	Doubs	Radoub	Froncera
Der	Iras	Errer	Schuss	Idéalise
Fis	Itou	Étire	Unisse	Racornir
Mit	Kilo	Fesse	**7 letters**	Rational
Nés	Nerf	Freux	Alentie	Reterser
Off	Péri	Frigo	Crétacé	
Ôte	Rôle	Iléon	Énièmes	
Pin	Scat	Niais	Farrago	

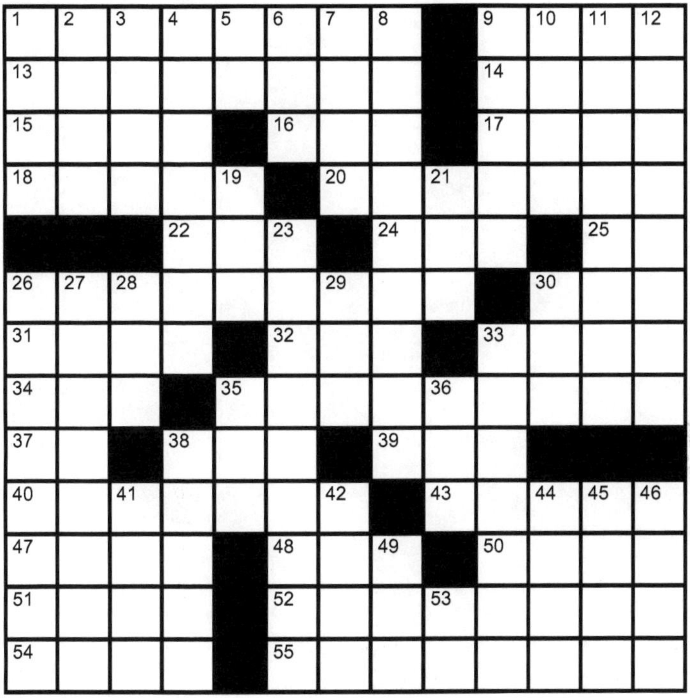

Grid (crossword) with numbered cells:

Row 1: 1, 2, 3, 4, 5, 6, 7, 8, ■, 9, 10, 11, 12
Row 2: 13, 14
Row 3: 15, 16, 17
Row 4: 18, 19, 20, 21
Row 5: 22, 23, 24, 25
Row 6: 26, 27, 28, 29, 30
Row 7: 31, 32, 33
Row 8: 34, 35, 36
Row 9: 37, 38, 39
Row 10: 40, 41, 42, 43, 44, 45, 46
Row 11: 47, 48, 49, 50
Row 12: 51, 52, 53
Row 13: 54, 55

2 letters

Br
Je
Ré
Ut

3 letters

Cil
Coq
Cor
Dép
Dot
Éon
Ère
Éva
Goï
Gré
Ile
Ive
Léa
Nie
Ris
Rut
Sud
Sûr

4 letters

Arum
Bêle
Bêta
Égal
Élan
Élut
Étai
Famé
Goal
Ital
Luth
Mats
Néné
Ocré
Omis
Pâti
Râla
Rêne
Rouf
Sima

5 letters

Émail
Étale
Semai
Tapon

7 letters

Échidné
Focales
Girafon
Uretère

8 letters

Aciérage
Aisselle
Babeurre
Conjurer
Érection
Éternise
Matériau
Turbotin

9 letters

Cagnarder
Endogènes
Ictérique
Précarité

072

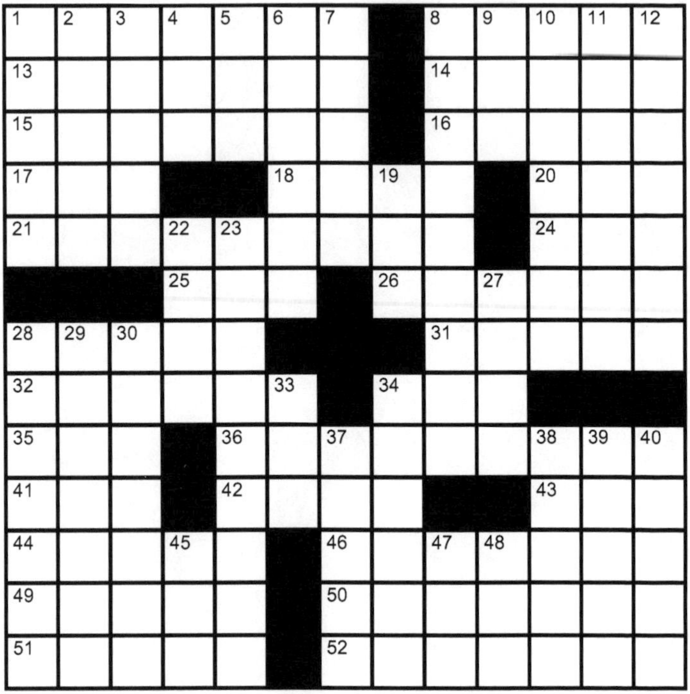

3 letters				
Ais	Pli	Errai	Issues	Semeuse
Cep	Rut	Fiord	Rimait	**9 letters**
Cil	Top	Iodés	**7 letters**	Caressais
Élu	**4 letters**	Isard	Accéder	Édelweiss
Ère	Épie	Limée	Briffer	Potassium
Ers	Laça	Marte	Éboulée	Wikipédia
Fat	Saké	Morse	Empeste	
Gué	Sels	Renom	Imitons	
Ici	**5 letters**	Resta	Isoloir	
Ion	Aérée	Tiare	Limpide	
Ire	Arabe	Usent	Mangeur	
Ksi	Brick	**6 letters**	Mariner	
Osa	Cimes	Caecum	Ricaine	
	Ennui	Dièses	Ruèrent	

Crossword grid with numbered cells:

Row 1: 1 2 3 4 5 6 7 [black] 8 9 10 11 12
Row 2: 13 [ ] [ ] [ ] [ ] [ ] [ ] [black] 14
Row 3: 15 [ ] [ ] [ ] [ ] [ ] [ ] [black] 16
Row 4: 17 [ ] [ ] [ ] [black] [black] 18 19
Row 5: 20 [ ] [ ] [ ] 21 [black] 22 [ ] [ ] [black] 23
Row 6: [black] [black] 24 [ ] 25 [ ] [ ] [black] 26
Row 7: 27 28 29 [ ] [ ] [ ] [black] 30 31 32
Row 8: 33 [ ] [ ] [black] 34 35 [ ] [ ] [ ] [black] [black]
Row 9: 36 [ ] [ ] [black] 37 [ ] [ ] [black] 38 [ ] 39 40 41
Row 10: 42 [ ] [ ] 43 [ ] [ ] [black] [black] 44
Row 11: 45 [ ] [ ] [ ] [ ] [black] 46 47 48
Row 12: 49 [ ] [ ] [ ] [black] 50
Row 13: 51 [ ] [ ] [ ] [black] 52

3 letters

Age
Ain
Api
Bol
Ème
Ers
Gag
Ici
Loi
Rai
Rut
Vas

4 letters

Aloi
Drag
Inné
Rois

5 letters

Aères
Âgées
Alose
Autel
Avéra
Clope
Écume
Égare
Genou
Haïti
Haros
Ioder
Opère
Palus
Rocou
Rugit
Scène
Soupe
Thune
Urnes

6 letters

Détail
Méfiée
Pilera
Tertio

7 letters

Agrégat
Altesse
Antigel
Dévasta
Ébranla
Émanche
Engager
Évasera
Féodale
Oseraie
Rôderai
Rouleur
Sereine
Testeur
Têtière
Veuvage

074

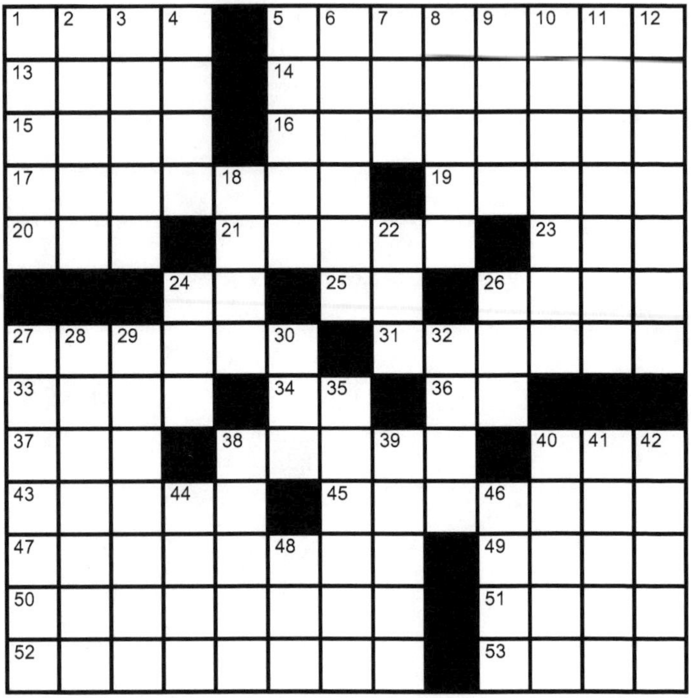

2 letters	Leu	Orna	Porto	Innoves
Aï	USD	Rose	Rosat	Retenez
Dû	**4 letters**	Self	Scène	Staffer
Mg	Afin	**5 letters**	Union	Uretère
Ra	Alfa	Alors	**6 letters**	**8 letters**
3 letters	Aloi	Dents	Amuser	Éreintée
Aga	Ânes	Étole	Glanée	Levaient
Ben	Font	Foehn	Guigne	Omelette
Ème	Ides	Ilion	Nierez	Palisser
Est	Kiev	Litée	**7 letters**	Rutilait
Etc	Lait	Marge	Aisance	Testacée
Fan	Lège	Offre	Étirage	
Han	Lien	Peina	Gobelet	
Let	Mark	Pelle	Gravats	

075

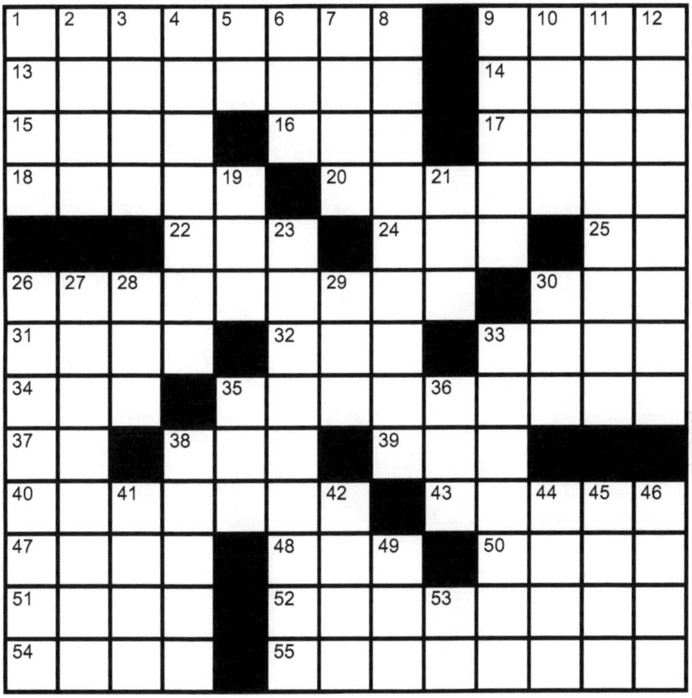

2 letters

Ah
An
Cg
Et

3 letters

Ben
Coq
Dot
Ego
Erg
Eus
Fco
Feu
For
Ide
Lue
Lus
Néo
Nom
Ode
Pop
Ris
Sec

4 letters

Agir
Amer
Âmes
Bora
Clef
Élit
Erre
Euro
Fétu
Gémi
Héla
Iris
Lier
Luxe
Miel
Muid
Nage
Nées
Omet
Sise

5 letters

Almée
Farad
Pisse
Sofas

7 letters

Besogne
Pitance
Relique
Trièdre

8 letters

Chaperon
Enfarine
Errantes
Exercera
Jachérer
Légitime
Reléguai
Rogneuse

9 letters

Cinglerai
Éjectable
Manipuler
Nécrologe

076

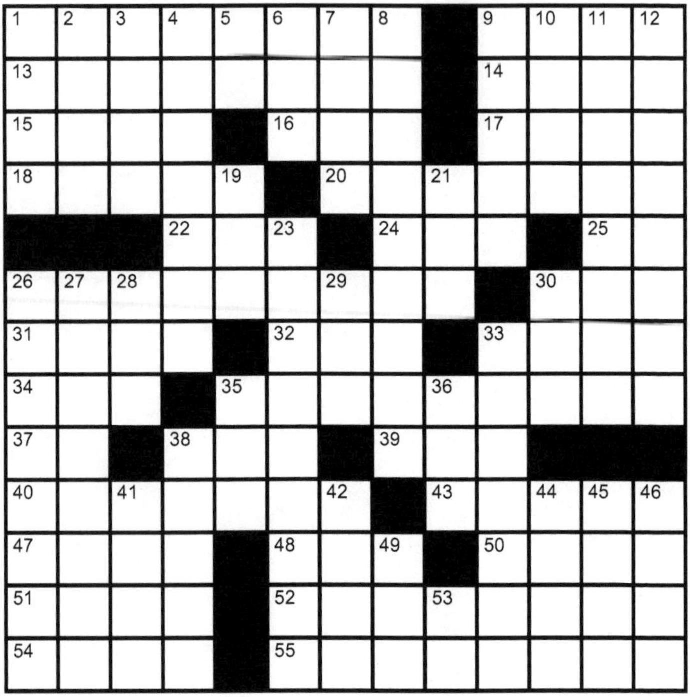

2 letters
Ho
Il
Pt
Va

3 letters
Air
Ars
Cri
Déc
Fée
Fez
Hem
Ici
Ion
Nez
Pop
Rem
Roi
Rut
Toi
Uni
Uri
Zoo

4 letters
Agen
Cran
Dota
Épée
Ères
Étal
Gour
Ital
Nord
Oser
Papi
Perm
Rêne
Rôti
Rugi
Sape
Sels
Trip
Urée
User

5 letters
Alise
Dupez
Pilaf
Pipes

7 letters
Choisit
Italien
Maladie
Referme

8 letters
Archipel
Armeline
Créature
Idioties
Rotation
Survirer
Terminal
Trempage

9 letters
Cinéphile
Cotiserai
Entendiez
Schizoïde

077

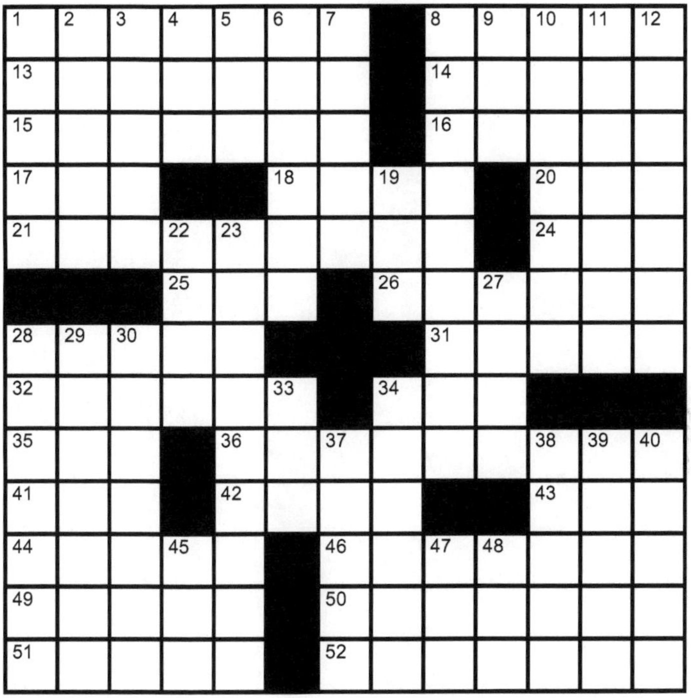

3 letters
Age
Bic
Cet
Der
Div
Duc
Ème
Épi
Ère
Êta
Été
Eus
Mât
Pro
Raz
Vêt

4 letters
Bloc
Méat
Rêve
Vers

5 letters
Acide
Adret
Aérer
Anima
Balle
Diane
Éleva
Étang
Évite
Force
Forum
Idéal
Méfia
Sauva
Testa
Ultra

6 letters
Putain
Trêves
Végète
Zébrer

7 letters
Affecta
Agacera
Coopère
Égéries
Entêtée
Évadait
Faubert
Inviter
Irriter
Laverai
Légende
Lièrent

9 letters
Embuscade
Émergerai
Guatemala
Messieurs

078

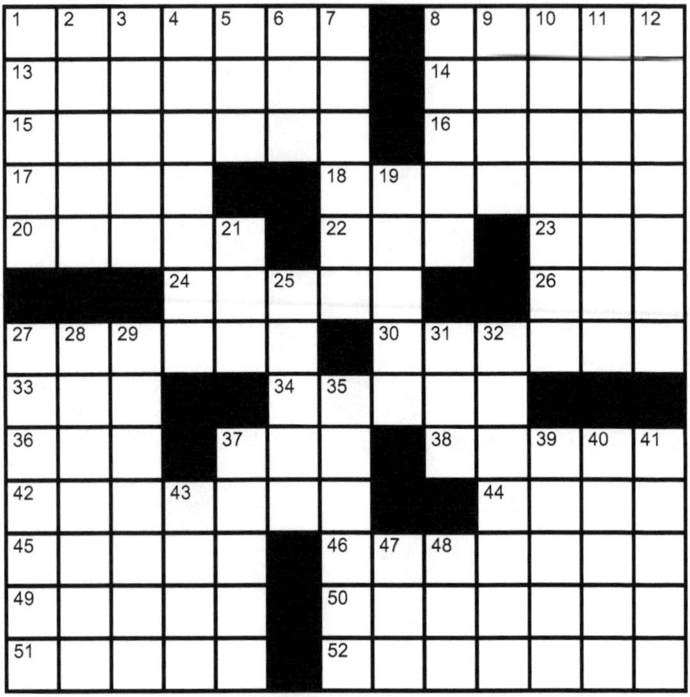

3 letters
Aga
Ami
Art
Bue
Eau
Éon
Ère
Gis
Raz
Ris
Rit
Ure

4 letters
Aloi
Lima
Puer
Tria

5 letters
Adage
Aines
Antan
Appât
Assez
Balsa
Calme
Déplu
Étais
Étala
Étron
Isard
Nasse
Radie
Selon
Suive
Trial
Tries
Urane
Usera

6 letters
Déesse
Lésera
Répits
Savate

7 letters
Avouait
Décibel
Éberlue
Émietta
Entasse
Étamure
Imparti
Palpées
Pillera
Pistard
Ragréer
Retarde
Sereins
Soirées
Teneuse
Ventera

Crossword grid with numbered cells: 1 2 3 4 / 5 6 7 8 9 10 11 12, 13, 14, 15, 16, 17, 18, 19, 20, 21, 22, 23, 24, 25, 26, 27, 28, 29, 30, 31, 32, 33, 34, 35, 36, 37, 38, 39, 40, 41, 42, 43, 44, 45, 46, 47, 48, 49, 50, 51, 52, 53

2 letters	3 letters	4 letters	5 letters	6 letters	7 letters	8 letters
Dg	Ace	Abel	Amibe	Assied	Akvavit	Aimantée
Ex	Ais	Béer	Anion	Cicéro	Étrécir	Icebergs
Oc	Âme	Inti	Banco	Éparse	Légères	Ingéniée
Us	Cri	Kiev	Entre	Sonnet	Non-sens	Scalpels
Rio	Div	Laie	Innée			Tsariste
Ver	Dur	Miel	Labri			Vénérant
Pneu	Max	Nana	Notée			
Sono	Noé	Nuée	Osier			
Urge		Oser	Revus			
Ruées		Ovni	Rirai			
Saisi		Péan				
Terni						
Trôna						
Ocreuse						
Seringa						
Sessile						
Siemens						

080

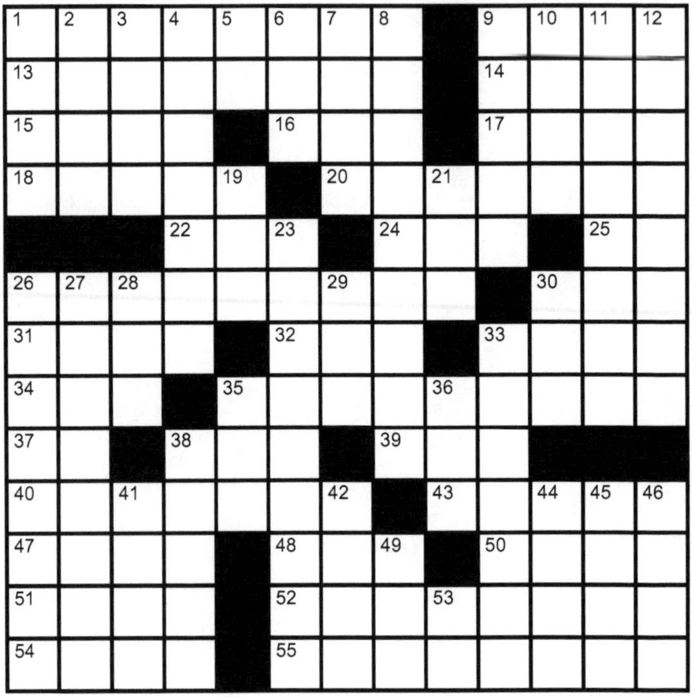

2 **letters**	Mot	Arec	Rasa	Aérolite
Dû	Nef	Clef	Rêne	Allemand
Go	Nés	Croc	Secs	Briguais
Me	Net	Élis	5 **letters**	Estimais
Ni	Rel	Fret	Adret	Étendrai
3 **letters**	Sec	Hâta	Châle	Factuels
Ars	Tee	Inti	Jésus	Lainerie
Ber	Ter	Ital	Séria	Sioniste
Cet	Ulm	Itou	7 **letters**	9 **letters**
Ère	Une	Lard	Entende	Baudruche
Êta	4 **letters**	Lare	Intérim	Bétonnais
Fée	Âgés	Lier	Raflent	Décathlon
Ire	Airs	Nier	Ulcérée	Fureteuse
Jet	Alfa	Rang	8 **letters**	

081

1	2	3	4	5	6	7		8	9	10	11	12
13								14				
15								16				
17			▉		18		19		▉	20		
21			22	23					▉	24		
▉			25				26		27			
28	29	30			▉			31				
32					33	▉	34			▉		
35			▉	36		37				38	39	40
41			▉	42				▉		43		
44			45		▉	46		47	48			
49					▉	50						
51					▉	52						

3 letters
Air
Ait
Bar
Cap
Cri
Ers
Éva
Ide
Mer
Mon
Ôte
Ove
Rai
Ses
Soi
Tas

4 letters
Gère
Itou
Ouïr
Ranz

5 letters
Abord
Agape
Durée
Épice
Ester
Étant
Ioder
Plans
Promo
Siens
Talon
Tarer
Torée
Trame
Varan
Zeste

6 letters
Cruels
Inouïe
Razzia
Venger

7 letters
Azerole
Dressée
Élèvent
Essarte
Évasive
Iraient
Laverai
Orateur
Pagodes
Prompts
Remarie
Résédas

9 letters
Atteindre
Énerverai
Titreriez
Visitions

082

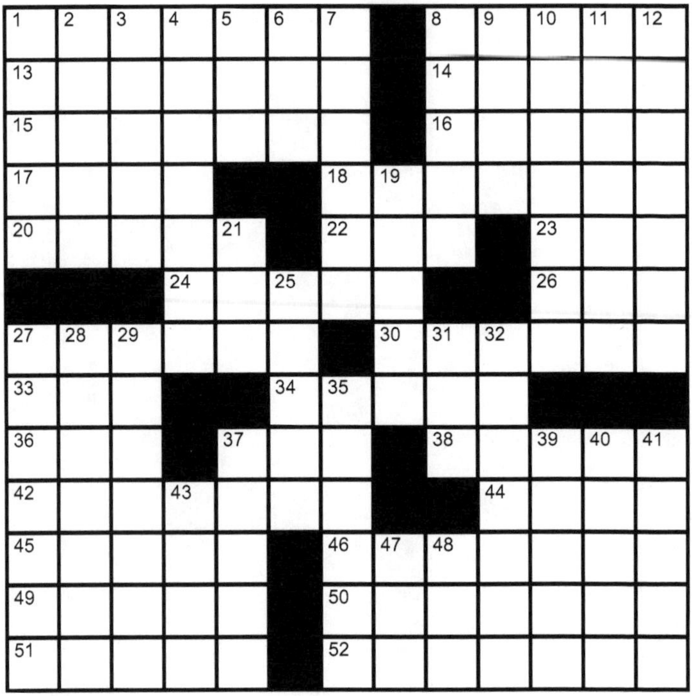

3 letters
Air
Cri
Der
Ers
Ici
Ira
Lob
Ose
Ouf
Pas
Pro
Tin

4 letters
Aigu
Mois
Néon
Oser

5 letters
Alèse
Anime
Appât
ASCII
Béret
Coeur
Corée
Cotir
Décan
Facto
Férir
Frigo
Iodée
Osées
Piété
Scène
Sénat
Stère
Titre
Troll

6 letters
Bourbe
Essuie
Notées
Oserai

7 letters
Affadie
Arrière
Aveulir
Baobabs
Bétoine
Étreins
Intacte
Isolées
Maigrie
Oiselet
Pervers
Prieras
Reparte
Tramail
Uretère
Usinage

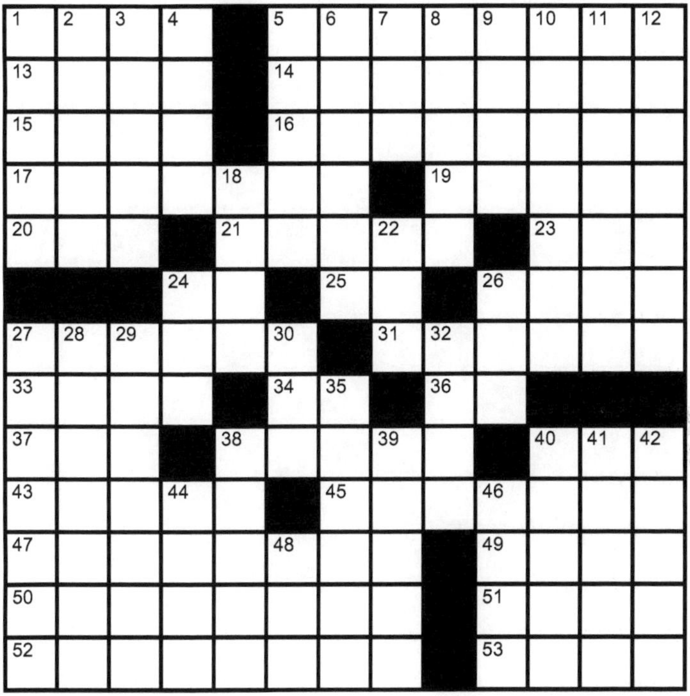

083

2 letters	Ôte	Sets	Semai	Océanie
Oh	Rit	Tord	Sèmes	Rigoler
Or	**4 letters**	Tsar	Sirop	Sereine
Où	Afro	**5 letters**	Trapu	Sorbier
Ut	Âgés	Agate	**6 letters**	**8 letters**
3 letters	Airs	Béate	Inerte	Aménager
Bit	Basa	Caban	Romano	Entraîne
Heu	Cart	Clore	Saison	Incomber
Khi	Étal	Funky	Troène	Rééditer
Lai	Hein	Nancy	**7 letters**	Rotative
Née	Idem	Ocrer	Arienne	Trôneras
Nui	Nope	Ondée	Attrapa	
Ors	Orne	Reste	Avérait	
Ose	Rêne	Rient	Intacte	

084

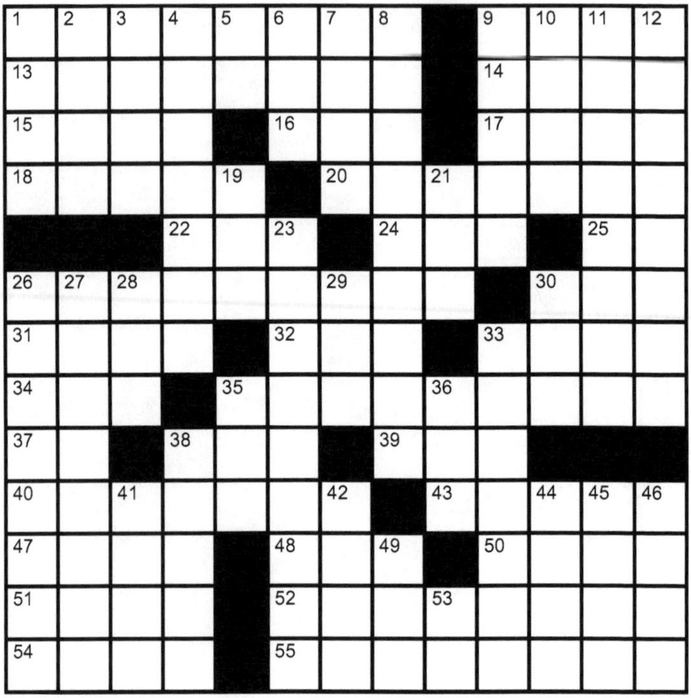

2 **letters**	Mus	Erse	Rude	Ébruiter
Et	Nef	Haro	Soit	Entassée
Mu	Nov	Insu	Tous	Épiderme
Ra	Oie	Issu	5 **letters**	Éventail
Té	Par	Itou	Croix	Noiraude
3 **letters**	Riz	Lots	Meuse	Position
Aux	Sol	Mois	Sturm	Ressenti
Ban	Tôt	Néon	Tétra	Roumaine
Bic	Uri	Nets	7 **letters**	9 **letters**
Bob	Zig	Obel	Aileron	Engeances
Fit	4 **letters**	Ores	Diurnal	Préétabli
Lei	Axée	Pont	Saleras	Relations
Mai	Cher	Rave	Semions	Vibrionne
Mot	Épis	Roux	8 **letters**	

085

1	2	3	4	5	6	7		8	9	10	11	12
13								14				
15								16				
17					18		19			20		
21			22	23						24		
		25				26		27				
28	29	30						31				
32				33		34						
35				36		37				38	39	40
41				42					43			
44		45			46		47	48				
49					50							
51					52							

3 letters
Agi
Cas
Cpt
Dus
Ému
Épi
Êta
Ile
Ire
Osa
Ôte
Reg
Set
Sil
Sue
Tri

4 letters
Orée
Rôdé
Tête
Tour

5 letters
Aimai
Atout
Diode
Esses
Icône
Imago
Iodés
Mense
Rasta
Salin
Sorte
Stère
Store
Tante
Tonds
Usait

6 letters
Attelé
Enrôle
Étêter
Impers

7 letters
Dictais
Érigées
Étalées
Imprima
Non-être
Optimal
Ôtèrent
Ôterons
Rassied
Repente
Tamisés
Titille

9 letters
Austérité
Itération
Stérilets
Surestime

086

1	2	3	4	5	6	7		8	9	10	11	12
13								14				
15								16				
17					18	19						
20			21		22				23			
		24		25					26			
27	28	29				30	31	32				
33				34	35							
36			37				38		39	40	41	
42		43						44				
45				46	47	48						
49				50								
51				52								

3 letters

Api
Duc
Épi
Ira
Mir
Noé
Ôta
Rel
Rit
Tac
Tut
Uni

4 letters

Ayez
Émue
Loup
Miel

5 letters

Ainée
Amont
Atèle
Buire
Buste
Cérat
Égaye
Épées
Liter

Matir
Moite
Opiat
Rabbi
Ratai
Rêvés
Ridée
Tabac
Tanin
Temps
Tombe

6 letters

Aïeule
Artère

Neigea
Office

7 letters

Agilité
Alizari
Atomise
Bâtirai
Enrêner
Étayées
Féconde
Foutait
Gobeter
Lurette
Ondatra

Stérile
Télamon
Trolley
Utilise
Voiture

3 letters
Acon
Air
Ber
Éon
Eut
Eux
Hem
Ira
Léa
Mûr
Nus
Psi
Ris

4 letters
Irise

Édam
Ores
Vine

5 letters
Assez
Damer
Dièse
Écart
Eider
Esses
Évide
Hertz
Irise

Iront
Lotit
Lueur
Nanan
Nurse
Rasta
Relax
Renom
Rient
Sente
Tarir

6 letters
Essieu
Imager

Priori
Spasme

7 letters
Aérobie
Atteste
Avariés
Dentale
Élèvera
Éreinte
Gibbons
Inanité
Insérés
Mineras
Pénétra

Raretés
Roulais
Satires
Trémolo
Tritium

088

1	2	3	4		5	6	7	8	9	10	11	12
13					14							
15					16							
17				18				19				
20				21			22			23		
			24			25			26			
27	28	29			30		31	32				
33					34	35		36				
37				38			39			40	41	42
43			44			45			46			
47					48				49			
50									51			
52									53			

2 **letters**	Roi	Tuer	Relut	Pommier
Aï	Sac	Unie	Sépia	Rasette
Çà	4 **letters**	Urus	Terri	Rieuses
Ci	Alfa	5 **letters**	Tirai	Setters
Pi	Arum	Aisés	6 **letters**	8 **letters**
3 **letters**	Âtre	Aleph	Agaric	Barmaids
Ail	Écru	Bêler	Cerise	Égouttée
Ais	Ibis	Brisa	Clones	Entérite
Cil	Ital	Ester	Irrite	Lacérant
Épi	Laie	Ferme	7 **letters**	Raturais
Hue	Lier	Licou	Ci-après	Stériles
Ide	Rapt	Muera	Dénudée	
Ose	Réer	Osant	Étirant	
Roc	Star	Prête	Italien	

089

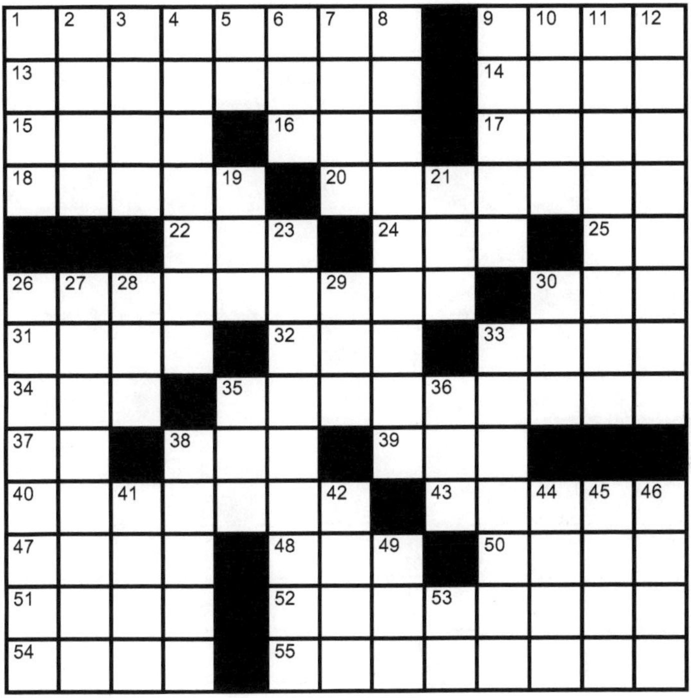

2 letters		Ion	Brie	Tapa	Aérostat
En		Ire	Bure	Taxa	Atténuer
Li		Lei	Caca	Utah	Connerie
Nô		Out	Cart	**5 letters**	Escortée
Po		Pré	Ciel	Cahot	Haineuse
3 letters		Riz	Épée	Calez	Ombilics
Coi		Set	État	Éteuf	Réopérer
Cor		Toc	Eues	Sucer	Réunifia
Cri		Tom	Lent	**7 letters**	**9 letters**
Crû		Zig	Marc	Bleuter	Happening
Eue		**4 letters**	Méat	Estampe	Incorpore
Eus		Aber	Orme	Inculpe	Saturnine
Fée		Abot	Rare	Luzerne	Tonnelier
Ifs		Aère	Saxo	**8 letters**	

090

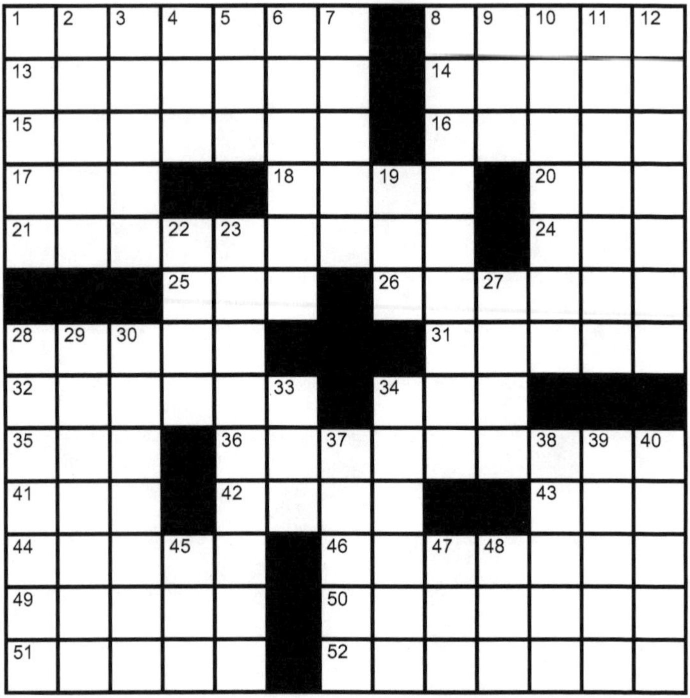

3 **letters**	Ras	Ester	Oléine	Têtière
Aga	Soi	Étale	Rodéos	9 **letters**
Ais	Tin	Éteuf	7 **letters**	Canoéiste
Ale	4 **letters**	Forci	Adstrat	Identifie
Are	Auto	Glass	Énerver	Noblesses
Art	Nase	Isard	Étatisé	Tisonnier
Clé	Niée	Natal	Greffée	
Cri	Vies	Pipai	Isolait	
Ers	5 **letters**	Sauve	Loriots	
Êta	Agate	Sites	Matelot	
Fit	Béret	Stère	Paressé	
Lit	Camer	6 **letters**	Picarde	
Net	Corée	Disais	Relatés	
Ôte	Errer	Nivôse	Rinçure	

091

3 letters
Aère
Aie
Ans
Api
Car
Cri
Éon
Jan
Lad
L'un
Ode
Oie
Sic

4 letters
Euro
Lien
Régi

5 letters
Airer
Allia
Atout
Carde
Égale
Ergot
Essor
Geais
Genre
Luter
Ornée
Païen
Panel
Préau
Prête
Ravir
Relit
Scalp
Têtes
Vécus

6 letters
Anémia
Éocène
Façade
Userai

7 letters
Aileron
Aliénée
Amènera
Apartés
Ascèses
Céraste
Cirions
Clamais
Élancée
Factage
Initiée
Massant
Ratiner
Sapajou
Trieuse
Utérine

092

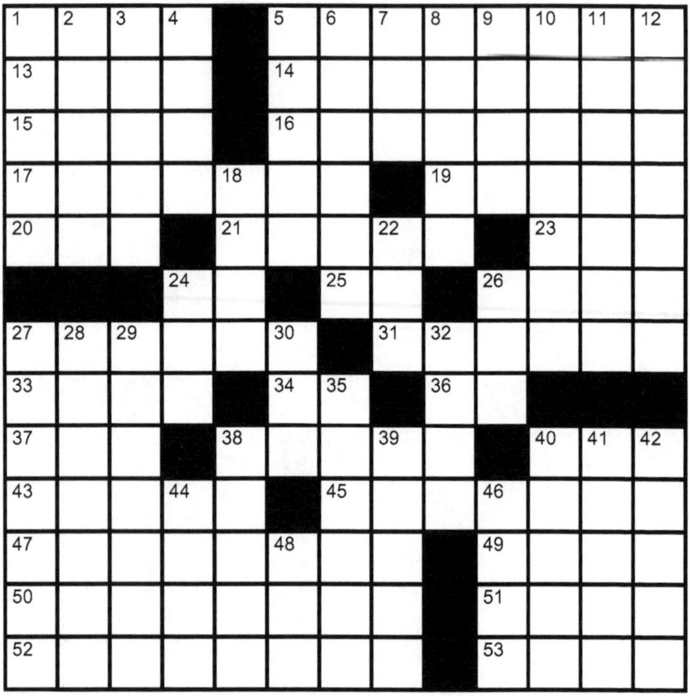

2 **letters**	Rem	Roue	Poney	Nieller
Aï	Sûr	Unir	Prévu	Rassois
Eh	4 **letters**	Usés	Promu	Ruerais
On	Afin	5 **letters**	Rebab	Stérile
Us	Anis	Cèdre	6 **letters**	8 **letters**
3 **letters**	Boni	Éloge	Crains	Ébéniste
Ais	Élan	Essor	Irisée	Essorais
Bée	Être	Flots	Rabane	Lanoline
Ème	Girl	Funky	Sonnai	Littéral
Fco	Iode	Lange	7 **letters**	Prépares
Gin	Lieu	Miels	Aggrava	Ramonant
Ira	Loto	Orale	Aimants	
Khi	Ouïs	Orées	Corolle	
Oui	Relu	Peler	Entoure	

093

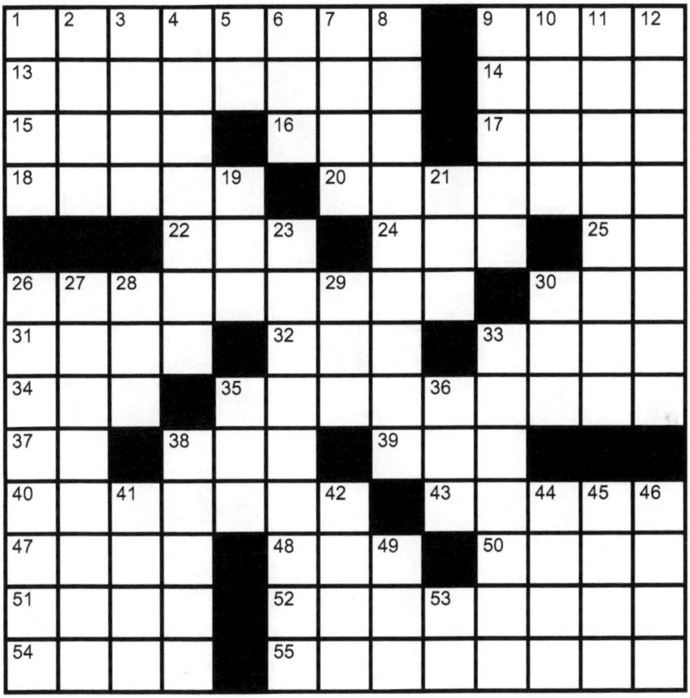

2 letters	3 letters	Ont	Aval	Rois	Adossais
Fi	Ace	Rat	Aveu	Sets	Agrafait
Po	Ale	Rho	Crin	Thon	Anapeste
Sa	Bal	Rio	Déci	**5 letters**	Brasille
Si	Bau	Rit	Erse	Igloo	Cuisions
3 letters	Éon	Rue	Grog	Parla	Dédaigne
Ace	Ida	Rut	Ilot	Rosis	Ignorées
Ale	Ide	Tan	Inti	Tréma	Révision
Bal	Ode	Uns	Mite	**7 letters**	**9 letters**
Bau		Vit	Parc	Assoupi	Adaptable
Éon		**4 letters**	Rail	Siroter	Saboterai
Ida		Abri	Rang	Taillis	Tenailler
Ide		Agis	Ravi	Tiercer	Vouerions
Ode		Ânes	Ritt	**8 letters**	

094

1	2	3	4	5	6	7		8	9	10	11	12
13								14				
15								16				
17			■		18		19		■	20		
21			22	23						24		
■			25				■	26		27		
28	29	30				■	■	31				
32					33	■	34				■	■
35			■	36		37				38	39	40
41			■	42					■	43		
44			45		■	46		47	48			
49					■	50						
51					■	52						

3 letters

Agi
And
Âne
C-à-d
Crû
Écu
Éon
Ers
Gin
Ile
Lut
Ont
Pal

Rue
Sac
Tas

4 letters

Anus
Oeuf
Rien
Test

5 letters

Alèse
Arête
Crash
Émeut
Ester

Évite
Icône
Nitre
Nurse
Opère
Peton
Sérac
Sucée
Suent
Terni
Valet

6 letters

Assaut
Confie

Corner
Rentes

7 letters

Éclipsa
Élégant
Entêtée
Escarre
Étendre
Étudiée
Iraient
Mouleur
Raccroc
Résiner
Suranné

Vergues

9 letters

Consentis
Échouerai
Ovationne
Urticante

095

3 **letters**
Acte
Ale
Âne
Cul
Ici
Ile
Lei
Nia
Ôta
Ôte
Ove
Put
Ria

4 **letters**
Émus
Ital
Véto

5 **letters**
Abaca
Alpha
Amuïr
Atome
Caser
Diète
Essor
Hurla
Idaho

Lassa
Métal
Orpin
Osées
Place
Racle
Raves
Riras
Riser
Sauts
Sloop

6 **letters**
Hivers
Lascif

Studio
Toréer

7 **letters**
Alevins
Ameuter
Capture
Dalleur
Ébattit
Fêteras
Inutile
Massons
Ovulais
Relèves
Roséole

Serrais
Stresse
Taureau
Tocarde
Vedette

096

	1	2	3	4		5	6	7	8	9	10	11	12
13						14							
15						16							
17				18					19				
20					21			22			23		
			24			25			26				
27	28	29			30		31	32					
33					34	35		36					
37				38			39			40	41	42	
43			44			45			46				
47					48				49				
50									51				
52									53				

2 letters

Et
Ho
le
In

3 letters

Duo
Ère
Fer
Kir
Let
Lus
Lut
Sel

Sen
Tee

4 letters

Abot
Bébé
Boas
Choc
Ciel
Dune
Iota
Nées
Obit
Orne
Régi

Rhum
Rida
Tète

5 letters

Biser
Cross
Écrue
Était
Étire
Herpe
Leste
Ognon
Opter
Orale

Snobe
Télés
Tribu
Usait

6 letters

Anorak
Fierai
Niaise
Trusts

7 letters

Ablette
Aimante
Étaient
Neutron

Obtient
Restées
Spolier
Stratus

8 letters

Entasser
Offenser
Piécette
Terreras
Tondeuse
Treillis

2 letters	3 letters	4 letters			5 letters	7 letters	9 letters
An	Agi	Asti	Cyan	Tact	Cirer	Augurée	Ceinturer
Ct	Air	Aval	Este	Urée	Fusée	Démenti	Maugréent
Or	Cor	Aven	Euro	User	Licol	Égaillé	Pratiquer
Pi	Épi	Nef	Fiée		Patio	Fusille	Squelette
	Feu	Nos	Gant				
	Fol	Rio	Iras	5 letters	8 letters		
	Mir	Roi	Item	Assénera			
	Mûr	Sil	Laïc	Enterrer			
		Tél	Lèse	Éolienne			
		Tes	Lyre	Laudanum			
		Tus	Orin	Précaire			
		Ure	Pare	Reclouée			
		Uri	Rêne	Ruptures			
			Rugi	Triplais			

098

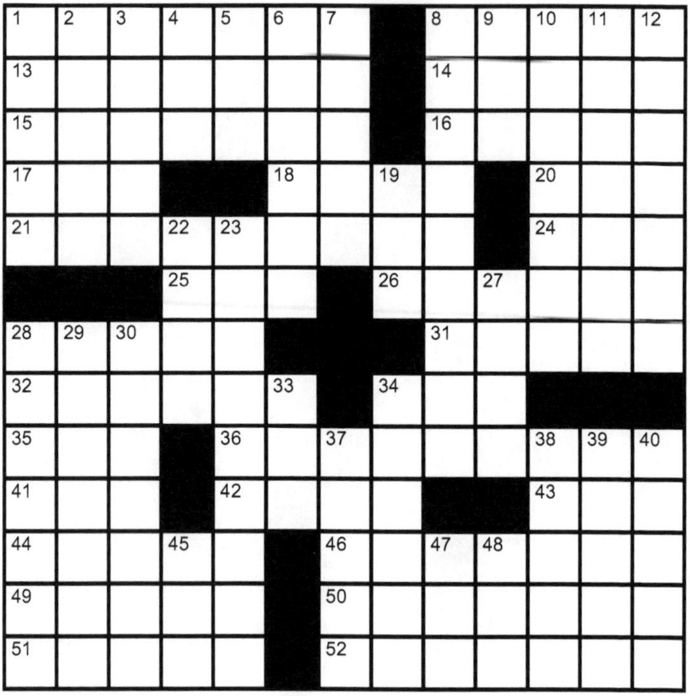

3 letters	Une	Astre	Étaies	Servage
Air	USD	Esche	Rirais	9 letters
Dom	Vêt	Ester	7 letters	Augmenter
Eue	4 letters	Génie	Aromate	Avant-toit
Eus	Âcre	Idées	Clamera	Édicterai
Gui	Alun	Isard	Dressés	Étiraient
Hum	Nase	Ocrée	Élargir	
Ida	Rêne	Ruais	Énièmes	
Lob	5 letters	Seing	Étatisé	
Mas	Abaca	Valut	Évadera	
Nie	Agami	Volet	Instant	
Ope	Alèse	6 letters	Repaire	
Ris	Amant	Acérer	Sagouin	
Rot	Anale	Ennemi	Secouée	

099

1	2	3	4	5	6	7		8	9	10	11	12
13								14				
15								16				
17					18	19						
20			21		22				23			
		24		25					26			
27	28	29				30	31	32				
33				34	35							
36			37				38		39	40	41	
42		43						44				
45				46	47	48						
49				50								
51				52								

3 letters
Dime
Ans
Ben
Far
Lei
Lis
Nie
Ors
Ria
Ris
Sec
Une
Uri

4 letters
Égal
Nana
Urne

5 letters
Aider
Album
Anion
Barre
Coran
Doser
Égout
Élime
Huait

Lotes
Matir
Métal
Nasse
Pneus
Ranci
Rasés
Remue
Repos
Suint
Tiare

6 letters
Ardeur
Oisifs

Réussi
Usinée

7 letters
Absorba
Brigand
Condors
Enroula
Épulide
Fiascos
Infinis
Ironise
Laurier
Orgeats
Ouï-dire

Potiron
Raucher
Sereine
Stresse
Usinais

100

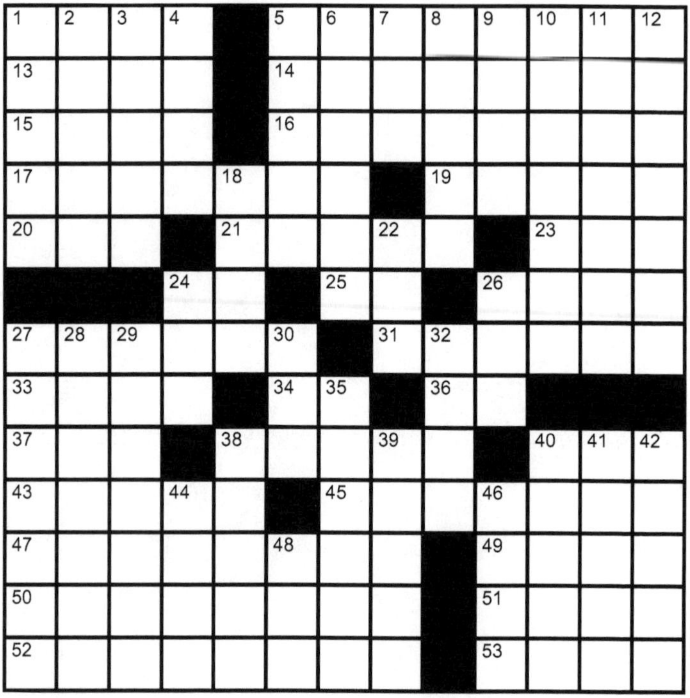

2 letters	Ire	Tsar	Prêta	Ébruite
An	Osa	Urne	Staff	Fricote
Dû	4 letters	Urus	Usité	Hygiène
Et	Aère	5 letters	Xérès	Meeting
Té	Anne	Bière	6 letters	8 letters
3 letters	Arec	Celui	Abrège	Égalises
Age	Beur	Marin	Chaise	Entières
Ana	Luis	Matou	Étêter	Pénalité
Art	Lynx	Môles	Ragera	Proclama
Box	Nain	Obèse	7 letters	Raseuses
Dix	Opus	Osera	Anéanti	Réinsère
Êta	Réer	Ôtent	Assénée	
Fan	Sets	Parai	Assigne	
Gin	Soma	Piano	Clapper	

Solution Puzzle 1

```
E M B E T E R ■ E C A R T
C O O P E R E ■ T A B O U
O R N I E R E ■ A B I M A
L A D ■ I L O T ■ M A I
E L E C T E U R S ■ E R E
■ ■ L E Z ■ S U C R I N
A L O E S ■ ■ N E A N T
M O U F T E ■ S I C ■
O U I ■ A V O I S I N E E
R A D ■ M A I L ■ I L S
O G I V E ■ S E A N T E S
S E R I N ■ I N N E R V E
O S E N T ■ F E S S E E S
```

Solution Puzzle 2

```
R A C C R O C ■ T R A C A
A L L A I T A ■ R A B A T
F E I N T E S ■ A R R E T
L A N D ■ O D I E U S E
A S S E Z ■ A I S ■ P I S
■ ■ L I T R E ■ T U T
L O U A G E ■ S C H E M A
O U T ■ T M E S E ■
C R I ■ T U E ■ S T R A S
A L L I I E Z ■ R A M E
L A I D E ■ A P P A T E R
E N T E R ■ I R A I E N T
S T E M S ■ L E S E R A I
```

Solution Puzzle 3

```
A V E Z ■ I M P L O R E R
N I C E ■ M O R I G E N E
T S A R ■ P L E U R A L E
A E R O S O L ■ R E N A L
N E T ■ E T A P E ■ I C I
■ ■ C P ■ H E ■ A M E S
K A R A T E ■ U L C E R E
L I E D ■ A V ■ I E ■
E L U ■ P U I S E ■ C R U
P I S S E ■ C I N G L E R
H E S I T A I S ■ N O C E
T R I T U R E E ■ O U I E
E S S E N C E S ■ N E F S
```

Solution Puzzle 4

```
T R A C A S S A ■ A G I R
R E V E N A I T ■ M E M E
A N A R ■ S E T ■ P L A T
C E L U I ■ D A L L A G E
■ ■ M O T ■ Q U I ■ E R
S E L E N I Q U E ■ E R S
A N O N ■ R U E ■ B R I E
I C I ■ R E E N G A G E R
E H ■ G E L ■ T A C ■
T A B A G I E ■ G L A S S
T S A R ■ G A P ■ A L O I
E S S E ■ N U I S I B L E
R E E R ■ E X C I S I O N
```

Solution Puzzle 5

```
L I B E R E S ■ D A M A S
A D O R A I T ■ E C U M A
N E R E I D E ■ M E T A L
C A D ■ E R R E ■ U R I
E L A B O R E E S ■ E R S
■ ■ A R S ■ M U F L E S
E G A Y A ■ ■ R I S E E
T U R E N T ■ S E L ■
R I S ■ G U A T E M A L A
I D E ■ E S T E ■ G A L
P A N C A ■ O R F R A I E
E G A R D ■ U N I E M E S
R E L I E ■ R E A L I S E
```

Solution Puzzle 6

```
N A C E L L E ■ M A C I S
A M O R A U X ■ A D E N T
B E T O I N E ■ R O N G E
A N I S ■ D R O S S E R
B A R I L ■ R O C ■ U R I
■ ■ V O I E S ■ R E L
M E T E I L ■ I G N A R E
A C E ■ E R R A I ■
L O T ■ T U A ■ Y A C H T
E P A I S S I ■ B E A U
T A R D A ■ E G A L I T E
R I D E R ■ R A M E N E E
E S S E S ■ A G I S S E S
```

Solution Puzzle 7

```
M A T H █ A C H A R N F E
A G I O █ T A I R I O N S
N O E L █ O L E O D U C S
E R R A T U M █ M E R L U
S A S █ U R A T E █ R O I
█ █ M E █ R A █ A I S E
R E D I R A █ S E N S E S
I L E S █ I F █ R E █
S I S █ C R O S S █ P L U
I S O L A █ R H E T E U R
B A L I V E A U █ R I T E
L I E D E V I N █ U N I E
E S S O R A N T █ C E N S
```

Solution Puzzle 8

```
E G A R E R A S █ M O T O
C O C O R I C O █ O U I S
O U R S █ E M U █ T I R S
T M E S E █ E S P E R E E
█ █ A R A █ C I L █ L U
M A D R E P O R E █ F I S
I B I D █ P H I █ S O R E
S A S █ F E E R I Q U E S
S I █ V O L █ E C U █
O S C I L L E █ I A M B E
U S E R █ E T C █ T I E N
R E C U █ R E P E T E N T
I R I S █ A S T H E N I E
```

Solution Puzzle 9

```
R E S T A N T █ B A I E S
A P P E L A I █ R I N C E
S H A K E R S █ I L E O N
T O T █ R O I S █ D U S
A D H E R E N C E █ I R E
█ █ P A R █ I V E T T E
L O P I N █ E P E E S
A B R E G E █ A N E █
B E E █ E C A R T E R A I
O I S █ M U G E █ A N D
U R I N E █ I N S E C T E
R A D O N █ R E I T E R E
A I E N T █ A S C E S E S
```

Solution Puzzle 10

```
R A M E U S E █ B A N C O
A B O N N E R █ E M U E S
P U D D I N G █ R E I N S
T S A R █ O D Y S S E E
S A L O P █ T E L █ A L U
█ █ I S L A M █ I L S
H O S T I E █ I R I S E E
E T E █ G R E E N █
C A R █ E U E █ M E N A I
T R I O L E T █ R E I N
A I E U L █ A B A T A N T
R E L I E █ M A R I N E E
E S S E S █ E N T E T E R
```

Solution Puzzle 11

```
B R A Y █ E L U C I D E S
L A V A █ P A R A D E N T
A M E R █ E V I D E N C E
C A N D E L A █ U S U R E
K I T █ T A B A C █ D E P
█ █ F A █ O C █ P E U L
A L L O U E █ E T H E R E
V A I R █ A I █ R I █
I V E █ S U R G I █ O P E
S A R D E █ R I E U S E S
A N N E X A I T █ S E R S
I D E N T I T E █ E N T E
T E S T E R A S █ E T E S
```

Solution Puzzle 12

```
R E V E R E N D █ G R E C
A M E N A G E E █ R A V I
L O R D █ O F F █ A M E N
A I S E S █ S L O V E N E
█ █ M O U █ A I E █ T A
F E U I L L A G E █ L A S
O R N E █ T I R █ C O I T
L I E █ C I N E P H I L E
K G █ T O M █ R I A █
S E V I R A I █ C R I N S
O R E E █ T O P █ P N E U
N A R D █ U T I L I S E E
G I T E █ M A N I E U S E
```

Solution Puzzle 13

H	E	R	I	T	E	R	■	V	E	R	G	E
U	T	E	R	I	N	E	■	E	T	E	U	F
C	A	D	E	N	C	A	■	N	A	T	I	F
H	U	I	■	■	O	G	R	E	■	E	P	I
E	X	T	R	A	D	I	E	Z	■	N	U	L
■	■	U	S	E	■	L	U	S	T	R	E	■
P	E	S	E	S	■	■	E	T	I	E	Z	■
A	C	A	R	U	S	■	A	L	E	■	■	■
R	O	C	■	R	E	C	H	A	M	P	I	R
S	U	C	■	A	L	L	A	■	■	A	G	A
E	T	A	I	N	■	A	N	O	D	I	N	S
M	E	D	O	C	■	M	E	S	U	R	E	E
A	R	E	N	E	■	P	R	E	S	S	E	R

Solution Puzzle 14

S	A	R	C	O	M	E	■	C	R	A	S	E
C	H	A	I	S	E	S	■	L	E	G	A	L
O	U	T	R	E	N	T	■	E	G	A	L	A
O	R	E	E	■	■	R	U	B	I	C	A	N
P	I	L	U	M	■	A	R	S	■	A	R	C
■	■	S	E	I	N	G	■	N	I	E	■	■
D	E	V	E	R	S	■	E	P	A	T	E	R
E	R	E	■	■	A	G	R	E	S	■	■	■
C	O	R	■	P	R	O	■	U	S	A	G	E
A	S	S	I	E	D	S	■	■	O	M	I	T
N	I	O	N	S	■	P	E	L	L	E	T	A
T	O	N	N	E	■	E	P	I	E	R	A	I
A	N	S	E	E	■	L	I	E	R	E	N	T

Solution Puzzle 15

I	M	B	E	C	I	L	E	■	A	S	S	E
S	A	L	S	I	F	I	S	■	U	N	E	S
B	R	O	C	■	S	E	T	■	D	O	R	S
A	C	C	R	U	■	N	A	M	I	B	I	E
■	■	O	S	A	■	M	E	T	■	N	U	■
D	E	S	C	E	N	D	I	S	■	B	A	L
U	N	I	S	■	T	I	N	■	R	A	I	E
R	E	L	■	R	I	V	E	T	E	U	S	E
C	R	■	B	E	E	■	T	U	B	■	■	■
I	V	R	O	G	N	E	■	F	A	R	A	D
R	A	I	S	■	N	U	I	■	T	O	G	O
A	I	E	S	■	E	R	O	T	I	S	E	R
I	S	S	U	■	S	O	N	A	T	I	N	E

Solution Puzzle 16

T	R	U	M	E	A	U	■	P	A	R	I	A
H	E	R	I	T	E	R	■	L	I	E	N	T
E	G	A	R	E	R	A	■	A	R	G	O	T
M	A	T	■	■	A	N	U	S	■	I	C	I
E	L	E	V	A	I	E	N	T	■	M	U	S
■	■	E	R	S	■	E	R	A	B	L	E	■
S	M	A	L	T	■	■	O	S	E	E	S	■
C	A	N	D	I	S	■	O	N	T	■	■	■
U	R	E	■	C	A	I	S	S	I	E	R	E
L	I	A	■	U	S	A	I	■	N	I	D	■
P	A	N	E	L	■	M	E	D	I	T	A	I
T	I	T	R	E	■	B	R	I	D	E	N	T
E	T	I	E	R	■	E	S	S	A	R	T	E

Solution Puzzle 17

S	A	T	U	R	N	E	■	R	A	C	E	S
C	U	I	S	A	I	S	■	A	V	A	N	T
A	D	M	I	S	E	S	■	V	E	R	V	E
L	I	O	N	■	U	R	I	N	O	I	R	■
P	O	N	E	Y	■	I	O	N	■	U	R	I
■	■	R	A	T	E	L	■	B	O	L	■	■
R	E	M	A	K	E	■	E	O	C	E	N	E
E	P	I	■	■	T	E	S	T	E	■	■	■
B	I	C	■	O	U	F	■	E	N	F	I	N
A	E	R	O	N	E	F	■	■	D	E	L	A
T	R	O	N	C	■	A	L	E	R	I	O	N
T	A	N	C	E	■	R	E	G	E	N	T	A
E	S	S	E	S	■	A	V	O	R	T	E	R

Solution Puzzle 18

E	T	R	I	L	L	E	S	■	M	E	M	E
C	R	A	N	E	U	S	E	■	E	L	A	N
O	U	S	T	■	E	T	C	■	T	U	R	C
T	C	H	A	D	■	E	U	D	I	S	T	E
■	■	C	A	P	■	L	I	S	■	I	N	■
L	E	I	T	M	O	T	I	V	■	L	A	S
A	T	R	E	■	L	I	E	■	I	U	L	E
N	E	E	■	R	O	N	R	O	N	N	E	R
L	I	■	F	O	C	■	E	P	I	■	■	■
A	G	R	I	C	H	E	■	E	T	A	P	E
I	N	O	X	■	O	T	E	■	I	B	I	S
R	I	D	A	■	N	A	R	R	E	R	A	S
E	T	A	I	■	S	T	E	A	R	I	N	E

Solution Puzzle 19

R	O	M	A	N	C	E	■	A	M	B	R	E
U	R	A	N	I	U	M	■	T	E	L	E	X
S	A	N	D	A	L	E	■	T	R	A	C	T
S	U	D	■	■	O	R	E	E	■	M	I	R
E	X	E	M	P	T	I	O	N	■	E	T	A
■	■	E	U	S	■	N	U	I	R	A	I	
R	E	P	L	I	■	■	A	N	A	L	E	
A	R	R	O	S	E	■	B	I	T	■		
P	R	O	■	E	R	R	A	T	I	Q	U	E
P	A	R	■	M	E	U	S	■	U	N	S	
E	T	A	G	E	■	S	E	R	R	A	I	T
L	U	T	I	N	■	E	R	E	I	N	T	E
A	M	A	N	T	■	R	A	G	O	T	E	R

Solution Puzzle 20

T	R	A	Q	U	E	R	■	P	A	Y	E	R
A	U	G	U	S	T	E	■	A	G	A	V	E
P	A	R	I	E	E	S	■	S	I	T	E	S
E	D	E	N	■	■	T	E	S	T	A	I	S
R	E	S	T	A	■	E	T	A	■	G	L	U
■	■	A	R	B	R	E	■	■	A	L	E	
P	A	R	L	A	I	■	U	R	I	N	E	R
I	V	E	■	L	O	F	E	R	■			
M	A	T	■	L	E	T	■	L	O	C	H	E
E	L	A	B	O	R	E	■	N	O	U	S	
N	A	B	A	B	■	R	E	C	I	T	E	S
T	I	L	L	E	■	A	V	I	S	E	R	A
E	T	I	E	R	■	S	A	L	E	R	A	I

Solution Puzzle 21

E	L	E	P	H	A	N	T	■	R	E	V	A
M	A	R	R	E	R	A	I	■	A	G	E	N
I	V	R	E	■	T	I	R	■	B	A	N	C
R	E	E	L	S	■	S	E	M	B	L	E	R
■	■	E	O	N	■	L	A	I	■	R	E	
C	I	N	G	L	E	R	A	I	■	F	E	R
O	D	E	S	■	G	A	I	■	D	O	R	A
L	E	Z	■	B	L	I	N	D	E	R	A	I
L	A	■	S	O	I	■	E	U	S	■		
E	T	E	T	A	G	E	■	R	A	V	I	S
R	I	M	A	■	E	M	E	■	R	I	R	E
A	O	U	T	■	A	U	T	O	M	N	A	L
I	N	S	U	■	I	T	E	R	A	T	I	F

Solution Puzzle 22

E	L	A	B	O	R	E	■	P	T	O	S	E
P	I	V	O	T	E	R	■	R	I	V	A	L
A	G	I	T	A	T	O	■	O	R	A	L	E
T	O	N	■	A	D	O	S	■	R	E	M	
E	T	E	T	E	M	E	N	T	■	I	R	E
■	■	O	P	E	■	T	E	S	T	O	N	
A	D	O	R	A	■	■	R	I	E	N	T	
M	E	M	E	R	E	■	U	N	E	■		
A	C	E	■	P	O	S	S	E	D	A	I	S
R	O	T	■	I	N	T	I	■	T	R	I	
R	I	T	A	L	■	E	N	D	R	O	I	T
E	V	E	I	L	■	R	E	P	E	N	S	E
R	E	S	T	E	■	E	R	I	G	E	E	S

Solution Puzzle 23

P	E	R	L	A	I	T	■	C	A	M	E	E
E	V	E	I	L	L	E	■	A	V	A	N	T
T	A	B	L	E	E	S	■	N	A	N	T	I
U	S	A	I	■	■	S	P	O	L	I	E	R
N	A	B	A	B	■	I	R	E	■	E	T	A
■	■	L	A	I	N	E	■	R	A	I		
M	U	S	E	U	M	■	L	E	S	A	I	S
O	N	T	■	P	R	E	A	U	■			
N	I	E	■	O	I	E	■	U	R	G	E	R
A	P	P	O	S	E	E	■	M	O	T	O	
C	A	P	R	E	■	L	A	B	E	U	R	S
A	R	E	N	E	■	L	I	A	N	T	E	S
L	E	S	E	S	■	E	N	T	A	S	S	E

Solution Puzzle 24

C	O	L	C	O	T	A	R	■	O	R	M	E
A	L	I	E	N	E	R	A	■	B	O	A	S
F	I	E	L	■	S	E	C	■	T	U	F	S
E	M	U	L	E	■	C	H	A	U	F	F	E
■	■	E	U	S	■	E	R	S	■	I	N	
B	A	C	C	H	A	N	T	E	■	R	O	C
O	S	A	I	■	V	I	A	■	P	I	S	E
U	S	D	■	M	O	D	I	F	I	A	I	S
C	A	■	T	I	N	■	S	I	L	■		
L	I	C	O	R	N	E	■	A	L	O	R	S
A	L	O	I	■	A	M	E	■	A	V	E	U
I	L	O	T	■	G	I	R	O	N	N	E	R
S	E	L	S	■	E	R	E	C	T	I	L	E

Solution Puzzle 25

P	A	T	A	U	D	E	■	S	O	R	T	E
E	C	H	I	N	E	S	■	C	H	A	U	X
A	H	U	R	I	E	S	■	H	E	L	E	E
G	A	Y	■	■	S	A	R	I	■	E	R	G
E	T	A	T	I	S	I	E	Z	■	N	I	E
■	■	■	E	M	E	■	L	O	T	T	E	S
S	C	A	L	P	■	■	I	R	I	S	E	
A	U	D	E	L	A	■	I	D	A	■	■	
L	E	U	■	A	P	P	R	E	C	I	E	R
O	I	L	■	N	I	E	R	■	D	P	I	
P	L	A	I	T	■	S	I	A	M	O	I	S
E	L	I	R	E	■	E	T	I	O	L	E	E
R	I	S	E	E	■	R	E	L	I	E	U	R

Solution Puzzle 26

S	T	R	A	T	U	M	■	C	O	R	P	S
N	E	U	R	O	N	E	■	O	B	E	R	E
A	N	E	R	I	E	S	■	Y	E	M	E	N
C	I	R	A	■	S	L	A	L	O	M	S	
K	R	A	C	H	■	E	A	U	■	N	I	E
■	■	H	U	A	R	D	■	■	T	E	E	
R	E	V	E	I	L	■	I	M	P	E	R	S
I	V	E	■	M	E	N	U	E	■	■		
C	A	R	■	C	E	P	■	R	U	G	I	R
O	N	G	U	L	E	E	■	L	A	M	A	
C	O	U	R	U	■	R	O	U	V	R	I	T
H	U	E	E	S	■	D	I	R	E	C	T	E
A	I	S	E	E	■	U	S	I	N	E	E	S

Solution Puzzle 27

D	E	P	O	U	R	V	U	■	T	A	I	E
A	D	O	P	T	E	E	S	■	O	H	M	S
M	A	L	T	■	G	L	U	■	R	A	P	T
E	M	O	I	S	■	D	R	A	I	N	E	R
■	■	Q	U	E	■	A	I	L	■	T	A	
A	J	O	U	R	N	A	I	S	■	F	I	G
L	E	S	E	■	T	I	R	■	T	O	G	O
L	U	E	■	B	I	T	E	N	S	I	O	N
E	N	■	E	R	E	■	S	O	U	■		
G	E	R	C	U	R	E	■	E	N	F	L	E
U	T	A	H	■	E	T	E	■	A	I	E	S
E	T	R	E	■	T	A	P	E	M	E	N	T
R	E	E	R	■	E	L	I	T	I	S	T	E

Solution Puzzle 28

G	I	R	O	F	L	E	■	U	S	A	I	S
A	D	O	U	C	I	S	■	N	E	N	N	I
F	E	S	T	O	N	S	■	I	C	O	N	E
F	E	E	■	G	O	L	F	■	B	E	N	
E	S	S	A	I	E	R	A	I	■	L	I	N
■	■	V	A	R	■	D	E	B	I	T	E	
E	F	F	E	T	■	R	A	R	E	S		
C	R	I	C	R	I	■	R	A	I	■	■	
R	E	L	■	O	R	S	E	I	L	L	E	S
I	L	E	■	G	E	N	T	■	O	T	A	
T	A	R	G	E	■	O	R	B	I	T	A	L
E	T	A	I	N	■	B	O	U	D	I	N	E
S	E	I	N	E	■	E	S	S	A	R	T	E

Solution Puzzle 29

E	M	P	A	U	M	E	■	A	T	E	L	E
M	A	L	F	R	A	T	■	S	A	T	I	N
P	R	O	F	I	L	E	■	C	O	I	T	E
A	I	M	E	■	U	R	I	N	O	I	R	
N	A	B	A	B	■	L	A	I	■	L	E	V
■	■	G	I	L	E	T	■	E	R	E		
V	E	G	E	T	E	■	E	C	O	R	E	R
A	L	E	■	R	I	R	A	I	■			
C	A	S	■	V	O	S	■	P	S	O	A	S
A	G	I	T	A	T	O	■	E	T	R	E	
R	U	E	E	S	■	P	A	L	L	I	E	R
M	E	R	L	E	■	E	M	I	E	T	T	A
E	S	S	E	S	■	T	E	N	T	E	E	S

Solution Puzzle 30

P	R	O	F	■	C	L	A	M	E	R	A	S
L	O	T	I	■	R	I	G	O	L	A	D	E
A	C	E	S	■	E	G	A	L	I	S	E	R
C	O	N	C	E	D	A	■	E	T	E	N	D
E	U	T	■	T	O	N	U	S	■	R	I	E
■	■	C	E	■	D	L	■	G	A	T	A	
S	T	R	E	S	S	■	M	I	L	I	E	U
O	R	E	S	■	I	E	■	M	U	■		
P	I	F	■	P	L	O	M	B	■	C	A	D
H	E	L	L	O	■	C	A	U	D	A	L	E
O	R	E	I	L	L	E	R	■	I	T	E	M
R	A	T	A	I	E	N	T	■	N	I	A	I
A	S	S	I	S	T	E	E	■	E	R	S	E

Solution Puzzle 31

R	A	M	O	N	E	R	A	■	P	A	M	A
E	C	U	R	E	U	I	L	■	E	B	A	T
N	O	E	L	■	E	R	E	■	T	O	R	T
E	N	T	E	R	■	E	N	S	U	I	T	E
■	■	A	I	S	■	T	O	N	■	I	N	■
E	M	A	N	A	T	I	O	N	■	B	A	T
L	A	I	S	■	A	L	U	■	H	E	L	E
U	R	E	■	A	T	E	R	M	O	Y	E	R
C	I	■	B	R	U	■	S	O	L	■	■	■
I	N	V	I	T	A	I	■	I	D	O	L	E
D	A	I	S	■	I	R	E	■	I	T	O	U
E	N	D	E	■	R	A	M	O	N	A	G	E
E	T	A	T	■	E	N	E	R	G	I	E	S

Solution Puzzle 32

T	R	O	C	A	R	T	■	M	I	M	E	R
A	I	M	E	R	A	I	■	A	V	I	N	E
R	E	I	T	E	R	E	■	R	E	N	D	S
D	U	S	■	■	E	D	A	M	■	E	U	S
E	R	E	I	N	T	E	R	A	■	U	R	E
■	■	V	I	E	■	T	I	G	R	O	N	■
T	E	T	R	A	■	■	L	O	E	S	S	■
E	C	U	E	I	L	■	A	L	U	■	■	■
N	O	E	■	S	U	A	V	E	M	E	N	T
D	U	R	■	E	N	D	E	■	P	U	A	■
A	T	O	U	R	■	R	U	D	O	I	E	S
N	E	N	N	I	■	E	L	E	V	E	E	S
T	E	T	E	E	■	T	I	R	E	U	S	E

Solution Puzzle 33

S	E	M	E	L	L	E	■	C	A	R	A	T
E	V	A	S	A	I	T	■	L	I	E	G	E
R	E	N	T	I	E	R	■	O	D	E	U	R
A	I	D	A	■	O	I	S	E	L	E	R	■
C	L	A	M	P	■	I	D	E	■	U	R	I
■	■	P	H	O	T	O	■	E	R	E	■	■
S	O	L	E	I	L	■	L	O	I	S	I	R
A	R	A	■	I	L	E	U	S	■	■	■	■
T	A	N	■	E	V	A	■	T	O	L	L	E
I	N	C	U	B	E	R	■	L	A	I	T	■
E	G	A	R	A	■	D	E	D	O	R	E	R
T	E	I	N	T	■	E	T	E	I	G	N	E
E	S	S	E	S	■	S	E	C	R	E	T	S

Solution Puzzle 34

P	A	C	K	■	G	R	I	L	L	E	R	A
R	U	A	I	■	R	E	D	O	I	V	E	S
O	R	B	E	■	E	C	A	R	T	A	N	T
M	A	L	V	E	N	U	■	R	E	S	T	A
O	I	E	■	S	U	L	K	Y	■	E	R	S
■	■	E	S	■	E	H	■	I	R	A	I	■
A	P	H	T	E	S	■	I	V	R	A	I	E
G	R	E	C	■	I	N	■	R	E	■	■	■
N	O	S	■	B	L	A	M	A	■	T	I	R
E	P	I	N	E	■	G	A	C	H	A	G	E
L	A	T	A	N	I	E	R	■	U	R	N	E
E	G	A	I	E	R	A	I	■	M	I	E	L
T	E	I	N	T	A	I	S	■	E	T	E	S

Solution Puzzle 35

A	C	C	L	A	M	E	R	■	C	E	P	E
G	E	L	I	V	U	R	E	■	O	R	E	S
E	L	U	T	■	R	E	L	■	U	R	U	S
N	A	B	A	B	■	S	A	T	R	A	P	E
■	■	N	O	S	■	C	E	T	■	L	U	■
R	A	B	I	B	O	C	H	E	■	C	A	L
E	L	L	E	■	L	I	E	■	I	O	D	E
N	I	E	■	C	I	T	R	O	N	N	E	E
C	E	■	P	O	T	■	A	I	T	■	■	■
A	N	T	I	Q	U	E	■	S	E	R	A	S
R	A	I	L	■	D	R	U	■	R	I	V	E
D	I	R	E	■	E	S	S	A	I	M	E	R
E	S	S	E	■	S	E	D	I	M	E	N	T

Solution Puzzle 36

A	V	E	L	I	N	E	■	I	M	P	I	E
R	E	V	E	R	A	S	■	R	O	U	N	D
I	R	A	I	E	N	T	■	A	L	I	S	E
D	I	S	■	■	T	E	C	K	■	S	E	N
E	N	E	R	V	E	R	A	I	■	A	R	T
■	■	A	I	S	■	R	E	L	I	E	E	■
V	A	M	P	S	■	■	N	I	T	R	E	■
I	N	I	T	I	A	■	O	N	T	■	■	■
S	O	L	■	T	R	A	V	E	S	T	I	S
A	M	I	■	E	C	R	U	■	A	G	I	■
G	A	T	E	R	■	A	L	T	E	R	N	E
E	L	E	V	A	■	B	E	O	T	I	E	N
S	E	R	A	I	■	E	S	P	E	R	E	S

Solution Puzzle 37

```
G R A V O N S ■ E G A R D
R E M A N I E ■ S E M E R
A L E R T E R ■ C R E P E
N A N A ■ ■ A T H E N E S
D I A P O ■ I R E ■ A R S
■ ■ P H I L O ■ N E E ■
H A R E M S ■ U R E T R E
A N E ■ ■ S O E U R ■ ■
P I F ■ T U B ■ T A C H E
P L O M M E E ■ ■ F O U S
A I N E E ■ R A B L E E S
I N D U S ■ E C O E U R E
T E S T E ■ R E F E R A S
```

Solution Puzzle 38

```
S P O T ■ E F F A R O N S
P A P A ■ V E U L E R I E
A P E X ■ A T T E N T E R
H A R I S S A ■ A D O R E
I L E ■ H A R A S ■ L A I
■ ■ ■ P O ■ D G ■ T A I N
M A L A W I ■ A M A N T E
A G I O ■ V A ■ A U ■ ■
L I N ■ R E D A N ■ P S I
A T O M E ■ O V A T I O N
R E T I A I R E ■ R O N D
I N T E G R E R ■ I N D U
A T E L I E R S ■ O S E E
```

Solution Puzzle 39

```
E N F I E V R E ■ C H I C
M A I N T I E N ■ D I N A
O I N T ■ S I C ■ R E D U
U S E E S ■ S O N O R E S
■ ■ R I E ■ R E M ■ F A
R O S I S S E N T ■ M I N
A R U M ■ Q U E ■ P O N T
I D A ■ A U S T R A L I E
N I ■ E P I ■ S U T ■ ■
U N I T I V E ■ E T A L E
R A R E ■ A R T ■ E B A T
E L A N ■ I S O T R O P E
R E N D ■ S E C A N T E S
```

Solution Puzzle 40

```
B A R B A R E ■ D A M E R
I V O I R E S ■ E C O L E
F R U S T E S ■ M E D I T
F I L ■ ■ L E S E ■ E M E
E L E V E U S E S ■ L I N
■ ■ ■ E S T ■ N U M E N T
E B A T S ■ ■ R I R A I
M A S S U E ■ F E E ■ ■
P U S ■ I R R E E L L E S
I D A ■ E G A L ■ U N I
R E G I R ■ D I S E T T E
E T I R A ■ A D O P T E R
E S S A I ■ R E L I E R A
```

Solution Puzzle 41

```
T R I C E P S ■ S P O R T
R E L A T A I ■ M A R E E
U N I M E N T ■ A L I B I
S T O P ■ ■ U P S I L O N
T E N I R ■ E U H ■ L I T
■ ■ N E G R E ■ ■ O S E ■
F L E G M E ■ R E G N E R
L I N ■ ■ O T A G E ■ ■
U S D ■ F L A ■ O R T I E
E T E S I E N ■ ■ F O R S
T A T E E ■ C A N A R I S
T I T R E ■ E M O U S S E
E T A T S ■ R E S T E E S
```

Solution Puzzle 42

```
B R A S ■ O V E R D O S E
A E R E ■ N O U E U S E S
F E R A ■ C R E M I E R S
F L E U R E T ■ E T I R A
E S T ■ U S E N T ■ L A I
■ ■ ■ M S ■ X E ■ E L I E
M E N U E T ■ ■ S T R E S S
U P A S ■ I E ■ E S ■ ■
S E T ■ A C C O T ■ T E E
C R I M E ■ R U E R O N T
A L O U R D I R ■ A L F A
D A N S E U R S ■ T E L L
E N S E R R E E ■ E T E S
```

Solution Puzzle 43

```
S T E R I L E T ■ P R I T
I R R E F U T E ■ R O D A
A I E S ■ C A L ■ O S E R
L A S S O ■ L E A S I N G
■ ■ E T C ■ M I E ■ T U
S C H N E I D E R ■ V I E
E L U S ■ C P T ■ C I T E
C O I ■ Z A I R O I S E S
U T ■ D O T ■ E S T ■
R U M E U R S ■ E R O D E
I R A I ■ I O N ■ A B A T
T E S T ■ S T E A T I T E
E R S E ■ E S T H E T E S
```

Solution Puzzle 44

```
H I L A R E S ■ P U E R A
A L A N I N E ■ E R R F S
D E S S E I N ■ T I R E S
J U S ■ E T A I ■ A L E
I S O L E M E N T ■ T I N
■ A X E ■ A L L U R E
E V A D A ■ A I M E R
B A R Y U M ■ P I E ■
O N T ■ C I C A T R I C E
U N I ■ E R R E ■ D O M
L A S E R ■ U L M A I R E
E G A R A ■ E L I R O N T
R E N E S ■ S A N C T U S
```

Solution Puzzle 45

```
R E G I O N S ■ L I B R E
E P A N D U E ■ E T A U X
D E L I E E S ■ G E R M A
I L O T ■ A L A M B I C
S A P I N ■ M O L ■ O N T
■ A E R E E ■ T E E
T R E I Z E ■ S U C E E S
H E M ■ M E S S E ■
E G O ■ P U T ■ E I D E R
A L T H A E A ■ N O T E
T E T E R ■ G A R D I A N
R U E R A ■ E N E R G I E
E R R E S ■ S A L E T E S
```

Solution Puzzle 46

```
S O L O ■ C R U S T A C E
U P A S ■ R E N A R D E S
R I D A ■ A B I M I O N S
F U R I O S O ■ P O R T O
E M E ■ M E N A I ■ A I R
■ R I ■ D M ■ D I M E
A S C E S E ■ E M I S E S
P E R M ■ P T ■ E X ■
E R E ■ G I R L S ■ A R T
U V U L E ■ A I S S E A U
R A S E R E N T ■ O R L E
E L E V E U S E ■ R E E R
E S S A R T E E ■ S E R A
```

Solution Puzzle 47

```
A L A C R I T E ■ L A C S
H O C H E R A S ■ E B A T
A L T O ■ A R C ■ N O M E
N O E U D ■ D A T T I E R
■ C A P ■ B I S ■ R I
R O M A N I S E R ■ M O L
U R U S ■ N U L ■ E M U E
I D A ■ P A R L E M E N T
N I ■ L A I ■ E U E ■
E N C O L L E ■ T R A M A
R A R E ■ L U S ■ I N O X
A N I S ■ E R I S T A L E
I D E S ■ R O S I E R E S
```

Solution Puzzle 48

```
S A T U R E R ■ H A M P E
U T E R I N E ■ I L E O N
R O S I E R E ■ L E D I T
F U T ■ A L F A ■ I R E
E T E R N I S E R ■ A I R
■ A I E ■ R A L L E R
D A N S A ■ N I E R A
E C U E I L ■ E T E ■
P H I ■ S E G M E N T E R
L E S ■ E T A I ■ A P I
A V O I R ■ I G N O R A I
C A N D I ■ A R I D I T E
A I S E E ■ C E D E R E Z
```

Solution Puzzle 49

P	L	A	C	A	I	S	■	C	A	C	A	O
L	A	V	A	N	D	E	■	O	S	O	N	S
O	P	E	R	E	E	S	■	E	T	A	T	S
M	E	N	A	■	■	A	G	U	I	C	H	E
B	R	U	M	A	■	M	E	R	■	H	E	U
■	■	E	I	D	E	R	■	■	E	R	S	
R	E	E	L	L	E	■	E	V	A	S	E	E
E	T	C	■	■	F	O	R	E	T	■	■	
P	A	L	■	D	E	C	■	R	O	T	I	T
A	M	A	N	I	T	E	■	■	M	E	S	A
R	A	T	O	N	■	L	I	M	I	T	A	I
E	G	A	R	D	■	L	O	I	S	I	R	S
S	E	I	D	E	■	E	N	T	E	N	D	E

Solution Puzzle 50

P	E	R	M	■	A	G	G	R	A	V	E	S
E	M	O	U	■	P	A	R	A	F	E	N	T
N	E	T	S	■	P	L	E	U	R	I	T	E
S	T	I	E	F	E	L	■	C	O	L	I	N
E	S	T	■	A	L	E	P	H	■	L	E	T
■	■	B	D	■	C	R	■	Z	E	R	O	
C	L	A	Y	O	N	■	O	P	E	R	E	R
L	E	V	E	■	O	C	■	I	E	■	■	
A	X	E	■	E	M	A	I	L	■	I	D	A
M	I	N	U	S	■	D	R	E	S	S	A	I
E	C	A	R	T	E	R	A	■	T	O	M	E
R	A	N	G	E	R	A	I	■	E	L	A	N
A	L	T	E	R	E	N	T	■	M	E	N	T

Solution Puzzle 51

A	N	T	I	C	H	A	R	■	A	L	B	I
C	O	U	R	T	I	N	E	■	R	I	E	N
O	T	E	R	■	C	A	D	■	M	E	A	T
N	A	Z	I	E	■	R	E	P	A	R	U	E
■	■	T	U	A	■	F	U	I	■	C	R	
A	D	M	E	T	T	A	I	S	■	C	O	N
B	R	I	E	■	T	I	N	■	R	O	U	E
S	O	N	■	P	E	R	I	C	A	R	P	E
C	G	■	J	A	N	■	R	E	M	■	■	
O	U	T	A	R	D	E	■	P	A	L	M	E
N	A	I	S	■	R	U	T	■	S	I	A	L
S	I	R	E	■	I	R	R	E	S	O	L	U
E	S	S	E	■	S	O	I	X	A	N	T	E

Solution Puzzle 52

M	E	P	R	I	S	E	■	E	T	A	P	E
E	T	R	A	V	E	S	■	D	E	V	E	T
T	A	I	S	E	N	T	■	I	S	O	L	A
R	I	S	■	■	S	E	L	F	■	C	I	L
E	N	E	R	V	E	R	A	I	■	A	C	E
■	■	U	R	E	■	C	A	F	T	A	N	
A	S	S	A	I	■	■	N	I	E	N	T	
D	O	C	I	L	E	■	O	T	E	■	■	
O	U	I	■	L	U	T	T	E	U	S	E	S
P	R	E	■	E	S	S	E	■	A	L	U	
T	A	R	O	T	■	A	R	S	E	N	I	C
E	T	A	N	T	■	R	A	U	C	I	T	E
R	E	S	T	E	■	S	I	T	U	E	E	S

Solution Puzzle 53

N	A	T	A	L	E	S	■	S	I	R	O	P
A	V	A	L	E	R	A	■	U	R	A	T	E
B	A	L	I	S	E	R	■	R	A	T	E	S
A	L	U	N	■	■	R	O	G	N	U	R	E
B	A	S	E	R	■	A	P	I	■	R	O	T
■	■	A	I	G	U	E	■	■	A	N	A	
P	E	N	S	A	I	■	R	E	C	I	T	S
E	G	O	■	■	G	R	E	V	E	■	■	
U	R	I	■	B	O	A	■	A	D	A	G	E
V	E	R	R	A	T	S	■	■	I	T	E	M
E	N	C	A	S	■	A	I	L	L	O	L	I
N	E	I	G	E	■	G	O	U	L	U	E	S
T	E	T	E	E	■	E	N	T	E	T	E	E

Solution Puzzle 54

A	C	M	E	■	A	F	F	A	M	E	R	A
P	A	I	X	■	G	U	I	D	A	G	E	S
O	V	N	I	■	A	S	S	I	R	E	N	T
D	E	C	L	A	M	E	■	E	C	R	I	A
E	T	E	■	M	I	A	O	U	■	M	A	S
■	■	C	A	■	U	N	■	D	E	N	I	
E	M	B	A	S	E	■	T	O	U	R	T	E
C	O	U	R	■	U	S	■	M	S	■	■	
U	R	I	■	C	H	I	L	I	■	P	O	P
M	A	S	S	A	■	G	O	S	E	T	T	E
A	S	S	O	I	E	N	T	■	D	O	I	S
I	S	O	L	E	R	A	I	■	E	S	T	E
S	E	N	S	U	E	L	S	■	N	E	E	S

Solution Puzzle 55

C	H	I	C	A	N	E	R	■	S	T	E	M
L	E	T	A	L	I	T	E	■	P	A	N	E
E	L	A	N	■	D	U	S	■	A	R	D	U
S	A	L	U	T	■	I	S	C	H	I	O	N
■	■	L	E	A	■	A	P	I	■	R	I	■
B	R	E	A	K	F	A	S	T	■	M	M	E
L	E	U	R	■	F	I	S	■	L	O	I	R
A	C	E	■	C	A	T	E	N	A	I	R	E
M	U	■	S	O	I	■	R	E	M	■	■	■
E	S	C	A	R	R	E	■	S	E	L	F	S
R	O	L	L	■	I	R	A	■	N	I	A	I
A	N	U	S	■	E	R	G	O	T	A	I	S
I	S	B	A	■	Z	A	I	R	O	I	S	E

Solution Puzzle 56

H	A	B	I	L	L	E	■	P	R	E	L	E
E	V	A	D	A	I	S	■	R	E	P	A	S
C	O	F	A	C	E	S	■	E	L	A	N	S
K	I	R	■	V	A	I	S	■	N	I	A	■
E	R	E	C	T	R	I	C	E	■	D	E	Y
■	■	U	R	E	■	I	N	J	U	R	E	■
P	R	O	L	O	■	■	T	U	E	E	S	■
R	E	V	E	I	L	■	P	E	P	■	■	■
E	V	A	■	S	U	P	E	R	E	T	T	E
L	I	T	■	I	N	S	U	■	■	H	O	P
E	V	I	D	E	■	O	P	E	R	E	R	A
G	R	O	O	M	■	A	L	L	U	M	E	R
S	E	N	N	E	■	S	A	U	T	E	E	S

Solution Puzzle 57

C	A	L	E	T	E	R	■	T	A	R	I	R
E	M	A	N	E	R	A	■	E	B	E	N	E
R	U	S	T	R	E	S	■	R	O	S	I	T
N	I	E	R	■	A	O	R	I	S	T	E	■
A	R	R	E	T	■	D	P	I	■	A	I	N
■	■	V	O	L	E	T	■	C	E	T	■	■
O	K	O	U	M	E	■	E	L	I	S	E	E
P	H	I	■	G	A	R	E	R	■	■	■	■
T	E	S	■	L	A	C	■	A	I	N	E	S
E	D	I	L	I	T	E	■	D	I	V	A	■
R	I	V	A	L	■	R	E	C	I	T	A	L
E	V	E	I	L	■	E	T	O	U	R	D	I
Z	E	S	T	E	■	E	C	U	M	E	E	S

Solution Puzzle 58

A	M	A	S	■	T	S	A	R	I	S	T	E
L	A	V	A	■	E	C	L	O	S	I	O	N
I	R	A	N	■	T	R	E	S	S	E	N	T
Z	I	N	G	A	R	I	■	A	U	S	S	I
E	S	T	■	S	A	B	O	T	■	T	U	T
■	■	A	I	■	E	T	■	G	E	R	E	■
B	A	R	M	E	N	■	E	V	A	S	E	S
I	D	E	E	■	O	C	■	A	L	■	■	■
S	O	C	■	H	E	R	E	S	■	E	T	E
T	R	O	U	A	■	E	G	E	R	M	E	R
R	E	U	N	I	R	A	I	■	H	A	I	R
O	R	D	I	N	A	N	D	■	I	N	N	E
T	A	S	S	E	T	T	E	■	N	E	T	S

Solution Puzzle 59

A	T	T	A	C	H	A	I	■	A	C	E	S
F	A	U	B	O	U	R	G	■	L	O	G	O
R	I	E	S	■	M	E	N	■	G	U	R	U
O	S	E	E	S	■	C	O	D	E	R	A	S
■	■	N	O	M	■	M	I	R	■	P	P	■
F	L	U	C	T	U	A	I	S	■	A	P	I
L	A	R	E	■	T	I	N	■	U	R	E	E
A	M	E	■	V	I	E	I	L	L	A	R	D
M	A	■	F	A	N	■	E	O	N	■	■	■
A	N	H	E	L	E	R	■	T	A	S	S	E
N	E	O	N	■	R	I	E	■	I	T	A	L
D	U	I	T	■	I	N	T	E	R	A	G	I
E	R	R	E	■	E	G	A	R	E	R	A	S

Solution Puzzle 60

M	I	S	T	R	A	L	■	D	O	P	E	S
O	D	I	E	U	S	E	■	E	T	A	L	E
R	E	G	R	E	T	S	■	P	A	R	E	R
V	A	N	■	A	T	R	E	■	A	G	I	■
E	L	E	V	A	T	E	U	R	■	D	A	N
■	■	R	I	E	■	T	I	M	I	N	G	■
B	A	G	A	D	■	■	R	A	S	T	A	■
A	G	A	C	E	R	■	G	A	L	■	■	■
T	I	R	■	R	H	E	O	S	T	A	T	S
E	T	E	■	I	O	D	E	■	■	T	A	U
L	A	R	G	O	■	I	M	P	L	O	R	E
E	T	A	I	N	■	L	O	U	E	U	S	E
T	O	I	T	S	■	E	N	T	I	T	E	S

Solution Puzzle 61

```
C R A T E R E   A L E P H
O U V R A I T   R E G L A
M I R E U S E   M U R A L
A N I S     U T E R I N E
S A L O P   L I E   S E N
      R U D E S     E T E
G O U S S E   O B E R E R
L U N     C A N O T
U R I   T U B   L A R G O
A D V E R S E   M O R S
N I E R A   T U N I S I E
T E R R I   I R O N I S E
E S S E S   S E M E R A S
```

Solution Puzzle 62

```
A B E L   A C C E P T E S
L A V A   S U P P O R T E
I R A I   C I T A T I O N
B I S C U I T   V E C U S
I L E   N I E C E   O P E
      L I   R U   O T E E
D E F E R E   L A S E R S
E T U I   C H   R E
C A S   T U Y A U   S E L
O M I S E   O S M O N D E
R E L A X A I T   M O I S
N U L L A R D E   A B L E
E R E I N T E R   N E E S
```

Solution Puzzle 63

```
S U I C I D E S   A C M E
E N R O L E R A   V L A N
R A I L   P S I   A I R S
F U S I L   E L L I P S E
      N I D   L E S   O R
S A B O T E R A I   F U R
I L O T   V I N   S O I E
F L A   R I S T O U R N E
F A   O I E   E V A
L I E R O N T   E V E I L
A T R E   N U E   I T O U
G E R E   E N T E T A N T
E R E S   S E C H E U S E
```

Solution Puzzle 64

```
C O D I F I E   F O V E A
O P A L I N S   U S O N S
S I R E N E S   R A I D S
S A S   D E N I   L U E
E T E R N I S E E   A R C
      O U T   Z U R I C H
P L O U C     S O S I E
L A B E L S   P E T
A N S   E U R A S I E N S
T I C   A S I E   P A T
R E U N I   A L B E R G E
E R R E R   I L O T I E R
R E S T E   T A B A S S E
```

Solution Puzzle 65

```
S T R A S S E   P A N T E
E R O S I O N   A V A I S
R O U S S I R   N A G E S
A L L O   O C C L U R E
C L A M P   B O A   E C U
      M E T A L     R E L
B I C E P S   I C T E R E
U N E     A P N E E
T A N   E R S   T R A I T
E N T A S S A     M I N E
R I R E S   U S A I E N T
A M E R E   M O R T N E E
S E R A S   E N T E T E E
```

Solution Puzzle 66

```
R O C K   D A I G N E R A
O B E I   E G R A I N E R
M E D E   P R E V E N I R
P R E V A L U   A R E T E
S E S   F U M A I   M E T
      A I   E X   L I R E
E C O R N E   E P I E E S
B R U T   U T   O S
R U T   A X A I T   F L A
E C R O U   T R E M A I L
C H A R G E A I   E D A M
H O N N E U R S   R E N E
E N T A S S E E   E S T E
```

Solution Puzzle 67

T	A	I	L	L	E	N	T	█	E	D	A	M
E	N	T	A	B	L	E	R	█	M	I	R	O
S	T	E	M	█	U	N	E	█	A	S	T	I
T	E	M	P	E	█	E	M	A	N	E	E	S
█	█	A	G	I	█	P	I	E	█	R	I	█
M	A	R	R	O	N	N	E	R	█	B	I	S
O	H	I	O	█	T	O	T	█	E	R	E	S
N	E	Z	█	T	E	S	T	I	C	U	L	E
O	U	█	T	E	R	█	E	C	U	█	█	█
G	R	U	M	E	A	U	█	I	M	A	G	O
A	T	R	E	█	G	R	E	█	A	B	E	R
M	E	U	S	█	I	N	T	A	I	L	L	E
E	R	S	E	█	R	E	C	U	S	E	E	S

Solution Puzzle 68

O	C	T	A	N	T	E	█	O	P	I	A	T
M	O	U	L	E	E	S	█	N	I	M	B	E
I	R	R	E	E	L	S	█	U	N	I	O	N
S	O	N	█	█	L	O	D	S	█	T	U	E
E	N	E	R	V	E	R	A	I	█	A	L	U
█	█	O	I	S	█	N	E	N	I	E	S	█
A	R	A	B	E	█	█	N	I	T	R	E	█
M	E	T	E	I	L	█	A	N	E	█	█	█
O	N	T	█	L	I	T	T	E	R	A	L	E
R	I	E	█	L	E	U	R	█	V	A	S	█
C	E	S	S	A	█	L	I	E	R	A	I	S
E	N	T	E	R	█	L	U	R	O	N	N	E
S	T	A	N	D	█	E	M	E	T	T	E	S

Solution Puzzle 69

A	P	P	A	R	A	T	█	S	A	M	P	I
P	R	E	M	U	N	I	█	O	B	E	I	R
P	I	R	A	T	E	R	█	R	E	P	L	I
E	M	I	R	█	A	N	G	E	L	U	S	█
L	O	R	R	Y	█	D	U	O	█	A	L	E
█	█	A	E	R	E	R	█	T	E	E	█	█
R	A	D	I	N	E	█	S	T	R	E	S	S
O	V	E	█	C	R	E	E	E	█	█	█	█
T	I	C	█	N	E	E	█	K	O	A	L	A
A	V	A	L	I	S	A	█	█	P	U	E	R
T	E	T	E	E	█	R	E	P	E	R	D	E
I	R	I	S	E	█	M	U	E	R	A	I	T
F	A	R	T	S	█	A	T	T	E	S	T	E

Solution Puzzle 70

S	C	A	T	█	F	R	O	N	C	E	R	A
K	I	L	O	█	R	A	T	I	O	N	A	L
I	T	O	U	█	I	D	E	A	L	I	S	E
F	A	R	R	A	G	O	█	I	L	E	O	N
F	I	S	█	D	O	U	B	S	█	M	I	T
█	█	P	O	█	B	R	█	P	E	R	I	█
S	C	H	U	S	S	█	U	N	I	S	S	E
I	R	A	S	█	K	G	█	E	N	█	█	█
D	E	R	█	P	I	L	E	R	█	O	F	F
E	T	I	R	E	█	O	R	F	E	V	R	E
R	A	C	O	R	N	I	R	█	T	U	E	S
E	C	O	L	I	E	R	E	█	E	L	U	S
R	E	T	E	R	S	E	R	█	S	E	X	E

Solution Puzzle 71

B	A	B	E	U	R	R	E	█	S	I	M	A
E	R	E	C	T	I	O	N	█	E	T	A	I
L	U	T	H	█	S	U	D	█	M	A	T	S
E	M	A	I	L	█	F	O	C	A	L	E	S
█	█	D	E	P	█	G	O	I	█	R	E	█
C	A	G	N	A	R	D	E	R	█	C	I	L
O	C	R	E	█	E	O	N	█	G	O	A	L
N	I	E	█	I	C	T	E	R	I	Q	U	E
J	E	█	E	V	A	█	S	U	R	█	█	█
U	R	E	T	E	R	E	█	T	A	P	O	N
R	A	L	A	█	I	L	E	█	F	A	M	E
E	G	A	L	█	T	U	R	B	O	T	I	N
R	E	N	E	█	E	T	E	R	N	I	S	E

Solution Puzzle 72

L	I	M	P	I	D	E	█	C	I	M	E	S
I	S	O	L	O	I	R	█	A	R	A	B	E
M	A	R	I	N	E	R	█	R	E	N	O	M
E	R	S	█	S	A	K	E	█	G	U	E	█
E	D	E	L	W	E	I	S	S	█	E	L	U
█	█	A	I	S	█	I	S	S	U	E	S	█
B	R	I	C	K	█	█	A	E	R	E	E	█
R	I	M	A	I	T	█	C	I	L	█	█	█
I	C	I	█	P	O	T	A	S	S	I	U	M
F	A	T	█	E	P	I	E	█	O	S	A	█
F	I	O	R	D	█	A	C	C	E	D	E	R
E	N	N	U	I	█	R	U	E	R	E	N	T
R	E	S	T	A	█	E	M	P	E	S	T	E

Solution Puzzle 73

A	G	R	E	G	A	T		H	A	R	O	S
V	E	U	V	A	G	E		A	L	O	S	E
E	N	G	A	G	E	R		I	O	D	E	R
R	O	I	S		T	E	T	I	E	R	E	
A	U	T	E	L		I	C	I		R	A	I
		R	O	C	O	U		A	I	N		
D	E	T	A	I	L		M	E	F	I	E	E
E	M	E		O	P	E	R	E				
V	A	S		A	P	I		S	O	U	P	E
A	N	T	I	G	E	L		D	R	A	G	
S	C	E	N	E		E	B	R	A	N	L	A
T	H	U	N	E		R	O	U	L	E	U	R
A	E	R	E	S		A	L	T	E	S	S	E

Solution Puzzle 74

M	A	R	K		P	A	L	I	S	S	E	R
A	L	O	I		O	M	E	L	E	T	T	E
R	O	S	E		R	U	T	I	L	A	I	T
G	R	A	V	A	T	S		O	F	F	R	E
E	S	T		F	O	E	H	N		F	A	N
		A	I		R	A		L	E	G	E	
G	U	I	G	N	E		N	I	E	R	E	Z
O	R	N	A		M	G		D	U			
B	E	N		P	E	L	L	E		U	S	D
E	T	O	L	E		A	I	S	A	N	C	E
L	E	V	A	I	E	N	T		L	I	E	N
E	R	E	I	N	T	E	E		F	O	N	T
T	E	S	T	A	C	E	E		A	N	E	S

Solution Puzzle 75

C	H	A	P	E	R	O	N		A	M	E	R
L	E	G	I	T	I	M	E		L	U	X	E
E	L	I	T		S	E	C		M	I	E	L
F	A	R	A	D		T	R	I	E	D	R	E
		N	O	M		O	D	E		C	G	
E	J	E	C	T	A	B	L	E		F	E	U
N	A	G	E		N	E	O		B	O	R	A
F	C	O		C	I	N	G	L	E	R	A	I
A	H		P	O	P		E	U	S			
R	E	L	I	Q	U	E		S	O	F	A	S
I	R	I	S		L	U	E		G	E	M	I
N	E	E	S		E	R	R	A	N	T	E	S
E	R	R	E		R	O	G	N	E	U	S	E

Solution Puzzle 76

T	R	E	M	P	A	G	E		D	O	T	A
R	O	T	A	T	I	O	N		U	S	E	R
I	T	A	L		R	U	T		P	E	R	M
P	I	L	A	F		R	E	F	E	R	M	E
		D	E	C		N	E	Z		I	L	
S	C	H	I	Z	O	I	D	E		U	N	I
U	R	E	E		T	O	I		C	R	A	N
R	E	M		C	I	N	E	P	H	I	L	E
V	A		A	R	S		Z	O	O			
I	T	A	L	I	E	N		P	I	P	E	S
R	U	G	I		R	O	I		S	A	P	E
E	R	E	S		A	R	C	H	I	P	E	L
R	E	N	E		I	D	I	O	T	I	E	S

Solution Puzzle 77

A	F	F	E	C	T	A		M	E	F	I	A
C	O	O	P	E	R	E		E	T	A	N	G
I	R	R	I	T	E	R		S	A	U	V	A
D	U	C		V	E	R	S		B	I	C	
E	M	E	R	G	E	R	A	I		E	T	E
		E	U	S		Z	E	B	R	E	R	
E	L	E	V	A			U	L	T	R	A	
V	E	G	E	T	E		P	R	O			
A	G	E		E	M	B	U	S	C	A	D	E
D	E	R		M	E	A	T		D	I	V	
A	N	I	M	A		L	A	V	E	R	A	I
I	D	E	A	L		L	I	E	R	E	N	T
T	E	S	T	A		E	N	T	E	T	E	E

Solution Puzzle 78

D	E	C	I	B	E	L		A	P	P	A	T
E	T	A	M	U	R	E		S	U	I	V	E
P	A	L	P	E	E	S		S	E	L	O	N
L	I	M	A		E	B	E	R	L	U	E	
U	S	E	R	A		R	A	Z		E	A	U
		T	R	I	A	L		R	I	S		
R	E	P	I	T	S		S	A	V	A	T	E
A	M	I		A	D	A	G	E				
G	I	S		U	R	E		A	N	T	A	N
R	E	T	A	R	D	E		T	R	I	A	
E	T	A	L	A		S	E	R	E	I	N	S
E	T	R	O	N		S	O	I	R	E	E	S
R	A	D	I	E		E	N	T	A	S	S	E

Solution Puzzle 79

A	B	E	L	■	S	C	A	L	P	E	L	S
N	A	N	A	■	A	I	M	A	N	T	E	E
I	N	T	I	■	I	C	E	B	E	R	G	S
O	C	R	E	U	S	E	■	R	U	E	E	S
N	O	E	■	R	I	R	A	I	■	C	R	I
■	■	D	G	■	O	C	■	M	I	E	L	■
A	S	S	I	E	D	■	E	P	A	R	S	E
K	I	E	V	■	U	S	■	E	X	■	■	■
V	E	R	■	T	R	O	N	A	■	R	I	O
A	M	I	B	E	■	N	O	N	S	E	N	S
V	E	N	E	R	A	N	T	■	O	V	N	I
I	N	G	E	N	I	E	E	■	N	U	E	E
T	S	A	R	I	S	T	E	■	O	S	E	R

Solution Puzzle 80

A	L	L	E	M	A	N	D	■	C	L	E	F
L	A	I	N	E	R	I	E	■	I	I	A	T	A
F	R	E	T	■	S	E	C	■	A	R	E	C
A	D	R	E	T	■	R	A	F	L	E	N	T
■	■	■	N	E	F	■	T	E	E	■	D	U
B	A	U	D	R	U	C	H	E	■	E	R	E
R	E	N	E	■	R	E	L	■	I	T	A	L
I	R	E	■	B	E	T	O	N	N	A	I	S
G	O	■	J	E	T	■	N	E	T	■	■	■
U	L	C	E	R	E	E	■	S	E	R	I	A
A	I	R	S	■	U	L	M	■	R	A	N	G
I	T	O	U	■	S	I	O	N	I	S	T	E
S	E	C	S	■	E	S	T	I	M	A	I	S

Solution Puzzle 81

E	V	A	S	I	V	E	■	A	B	O	R	D
P	A	G	O	D	E	S	■	T	A	R	E	R
I	R	A	I	E	N	T	■	T	R	A	M	E
C	A	P	■	■	G	E	R	E	■	T	A	S
E	N	E	R	V	E	R	A	I	■	E	R	S
■	■	■	A	I	R	■	I	N	O	U	I	E
P	L	A	N	S	■	■	D	U	R	E	E	■
R	A	Z	Z	I	A	■	C	R	I	■	■	■
O	V	E	■	T	I	T	R	E	R	I	E	Z
M	E	R	■	I	T	O	U	■	■	O	T	E
P	R	O	M	O	■	R	E	S	E	D	A	S
T	A	L	O	N	■	E	L	E	V	E	N	T
S	I	E	N	S	■	E	S	S	A	R	T	E

Solution Puzzle 82

A	F	F	A	D	I	E	■	A	N	I	M	E
P	E	R	V	E	R	S	■	S	E	N	A	T
P	R	I	E	R	A	S	■	C	O	T	I	R
A	I	G	U	■	■	U	S	I	N	A	G	E
T	R	O	L	L	■	I	C	I	■	C	R	I
■	■	■	I	O	D	E	E	■	■	T	I	N
B	O	U	R	B	E	■	N	O	T	E	E	S
A	I	R	■	■	C	O	E	U	R	■	■	■
O	S	E	■	P	A	S	■	F	A	C	T	O
B	E	T	O	I	N	E	■	■	M	O	I	S
A	L	E	S	E	■	R	E	P	A	R	T	E
B	E	R	E	T	■	A	R	R	I	E	R	E
S	T	E	R	E	■	I	S	O	L	E	E	S

Solution Puzzle 83

C	A	R	T	■	T	R	O	N	E	R	A	S
A	G	E	S	■	R	O	T	A	T	I	V	E
B	A	S	A	■	A	M	E	N	A	G	E	R
A	T	T	R	A	P	A	■	C	L	O	R	E
N	E	E	■	F	U	N	K	Y	■	L	A	I
■	■	■	O	R	■	O	H	■	H	E	I	N
S	A	I	S	O	N	■	I	N	E	R	T	E
O	R	N	E	■	U	T	■	O	U	■	■	■
R	I	T	■	S	I	R	O	P	■	O	R	S
B	E	A	T	E	■	O	C	E	A	N	I	E
I	N	C	O	M	B	E	R	■	I	D	E	M
E	N	T	R	A	I	N	E	■	R	E	N	E
R	E	E	D	I	T	E	R	■	S	E	T	S

Solution Puzzle 84

E	P	I	D	E	R	M	E	■	C	H	E	R
P	O	S	I	T	I	O	N	■	R	A	V	E
I	N	S	U	■	Z	I	G	■	O	R	E	S
S	T	U	R	M	■	S	E	M	I	O	N	S
■	■	■	N	O	V	■	A	U	X	■	T	E
R	E	L	A	T	I	O	N	S	■	B	A	N
O	B	E	L	■	B	I	C	■	S	O	I	T
U	R	I	■	P	R	E	E	T	A	B	L	I
M	U	■	M	A	I	■	S	O	L	■	■	■
A	I	L	E	R	O	N	■	T	E	T	R	A
I	T	O	U	■	N	E	F	■	R	O	U	X
N	E	T	S	■	N	O	I	R	A	U	D	E
E	R	S	E	■	E	N	T	A	S	S	E	E

Solution Puzzle 85

T	A	M	I	S	E	S	█	S	O	R	T	E
O	T	E	R	E	N	T	█	U	S	A	I	T
N	O	N	E	T	R	E	█	R	A	S	T	A
D	U	S	█	O	R	E	E	█	S	I	L	█
S	T	E	R	I	L	E	T	S	█	I	L	E
█	█	O	T	E	█	A	T	T	E	L	E	█
D	I	O	D	E	█	█	I	O	D	E	S	█
I	M	P	E	R	S	█	E	M	U	█	█	█
C	P	T	█	A	U	S	T	E	R	I	T	E
T	R	I	█	T	E	T	E	█	C	A	S	█
A	I	M	A	I	█	O	T	E	R	O	N	S
I	M	A	G	O	█	R	E	P	E	N	T	E
S	A	L	I	N	█	E	R	I	G	E	E	S

Solution Puzzle 86

T	E	L	A	M	O	N	█	R	E	V	E	S
A	G	I	L	I	T	E	█	A	M	O	N	T
B	A	T	I	R	A	I	█	B	U	I	R	E
A	Y	E	Z	█	█	G	O	B	E	T	E	R
C	E	R	A	T	█	E	P	I	█	U	N	I
█	█	R	A	T	A	I	█	█	R	E	L	█
O	F	F	I	C	E	█	A	R	T	E	R	E
N	O	E	█	M	A	T	I	R	█	█	█	█
D	U	C	█	A	P	I	█	T	O	M	B	E
A	T	O	M	I	S	E	█	█	L	O	U	P
T	A	N	I	N	█	U	T	I	L	I	S	E
R	I	D	E	E	█	L	U	R	E	T	T	E
A	T	E	L	E	█	E	T	A	Y	E	E	S

Solution Puzzle 87

D	E	N	T	A	L	E	█	R	A	S	T	A
A	V	A	R	I	E	S	█	E	C	A	R	T
M	I	N	E	R	A	S	█	L	O	T	I	T
E	D	A	M	█	█	I	N	A	N	I	T	E
R	E	N	O	M	█	E	U	X	█	R	I	S
█	█	█	L	U	E	U	R	█	█	E	U	T
P	R	I	O	R	I	█	S	P	A	S	M	E
E	O	N	█	█	D	I	E	S	E	█	█	█
N	U	S	█	H	E	M	█	I	R	I	S	E
E	L	E	V	E	R	A	█	█	O	R	E	S
T	A	R	I	R	█	G	I	B	B	O	N	S
R	I	E	N	T	█	E	R	E	I	N	T	E
A	S	S	E	Z	█	R	A	R	E	T	E	S

Solution Puzzle 88

A	L	F	A	█	B	A	R	M	A	I	D	S
L	I	E	R	█	E	G	O	U	T	T	E	E
E	C	R	U	█	L	A	C	E	R	A	N	T
P	O	M	M	I	E	R	█	R	E	L	U	T
H	U	E	█	B	R	I	S	A	█	I	D	E
█	█	C	I	█	C	A	█	R	E	E	R	█
C	E	R	I	S	E	█	C	L	O	N	E	S
I	T	A	L	█	P	I	█	A	I	█	█	█
A	I	S	█	T	I	R	A	I	█	O	S	E
P	R	E	T	E	█	R	I	E	U	S	E	S
R	A	T	U	R	A	I	S	█	R	A	P	T
E	N	T	E	R	I	T	E	█	U	N	I	E
S	T	E	R	I	L	E	S	█	S	T	A	R

Solution Puzzle 89

O	M	B	I	L	I	C	S	█	C	A	C	A
R	E	U	N	I	F	I	A	█	A	B	O	T
M	A	R	C	█	S	E	T	█	L	E	N	T
E	T	E	U	F	█	L	U	Z	E	R	N	E
█	█	L	E	I	█	R	I	Z	█	E	N	█
H	A	P	P	E	N	I	N	G	█	C	R	U
A	E	R	E	█	C	O	I	█	B	R	I	E
I	R	E	█	T	O	N	N	E	L	I	E	R
N	O	█	C	O	R	█	E	U	E	█	█	█
E	S	T	A	M	P	E	█	S	U	C	E	R
U	T	A	H	█	O	U	T	█	T	A	P	A
S	A	X	O	█	R	E	O	P	E	R	E	R
E	T	A	T	█	E	S	C	O	R	T	E	E

Solution Puzzle 90

P	I	C	A	R	D	E	█	C	A	M	E	R
I	S	O	L	A	I	T	█	A	G	A	T	E
P	A	R	E	S	S	E	█	N	A	T	A	L
A	R	E	█	A	U	T	O	█	E	T	A	█
I	D	E	N	T	I	F	I	E	█	L	I	T
█	█	A	I	S	█	N	I	V	O	S	E	█
G	L	A	S	S	█	█	S	I	T	E	S	█
R	O	D	E	O	S	█	O	T	E	█	█	█
E	R	S	█	N	O	B	L	E	S	S	E	S
F	I	T	█	N	I	E	E	█	█	A	R	T
F	O	R	C	I	█	R	I	N	C	U	R	E
E	T	A	L	E	█	E	N	E	R	V	E	R
E	S	T	E	R	█	T	E	T	I	E	R	E

Solution Puzzle 91

S	A	P	A	J	O	U	█	P	R	E	A	U
C	L	A	M	A	I	S	█	R	E	L	I	T
A	L	I	E	N	E	E	█	E	G	A	L	E
L	I	E	N	█	R	A	T	I	N	E	R	█
P	A	N	E	L	█	A	I	E	█	C	R	I
█	█	R	A	V	I	R	█	E	O	N	█	█
F	A	C	A	D	E	█	E	O	C	E	N	E
A	P	I	█	C	A	R	D	E	█	█	█	█
C	A	R	█	L	U	N	█	E	R	G	O	T
T	R	I	E	U	S	E	█	A	E	R	E	█
A	T	O	U	T	█	M	A	S	S	A	N	T
G	E	N	R	E	█	I	N	I	T	I	E	E
E	S	S	O	R	█	A	S	C	E	S	E	S

Solution Puzzle 92

R	E	L	U	█	P	R	E	P	A	R	E	S
E	L	A	N	█	R	A	M	O	N	A	N	T
B	O	N	I	█	E	B	E	N	I	S	T	E
A	G	G	R	A	V	A	█	E	S	S	O	R
B	E	E	█	F	U	N	K	Y	█	O	U	I
█	█	A	I	█	E	H	█	G	I	R	L	█
C	R	A	I	N	S	█	I	R	I	S	E	E
O	U	I	S	█	U	S	█	O	N	█	█	█
R	E	M	█	P	R	O	M	U	█	F	C	O
O	R	A	L	E	█	N	I	E	L	L	E	R
L	A	N	O	L	I	N	E	█	I	O	D	E
L	I	T	T	E	R	A	L	█	E	T	R	E
E	S	S	O	R	A	I	S	█	U	S	E	S

Solution Puzzle 93

A	G	R	A	F	A	I	T	█	P	A	R	C
B	R	A	S	I	L	L	E	█	A	V	E	U
R	O	I	S	█	E	O	N	█	R	A	V	I
I	G	L	O	O	█	T	A	I	L	L	I	S
█	█	U	N	S	█	I	D	A	█	S	I	█
A	D	A	P	T	A	B	L	E	█	R	I	O
D	E	C	I	█	B	A	L	█	T	H	O	N
O	D	E	█	V	O	U	E	R	I	O	N	S
S	A	█	R	I	T	█	R	U	E	█	█	█
S	I	R	O	T	E	R	█	T	R	E	M	A
A	G	I	S	█	R	A	T	█	C	R	I	N
I	N	T	I	█	A	N	A	P	E	S	T	E
S	E	T	S	█	I	G	N	O	R	E	E	S

Solution Puzzle 94

E	S	C	A	R	R	E	█	O	P	E	R	E
V	E	R	G	U	E	S	█	V	A	L	E	T
I	R	A	I	E	N	T	█	A	L	E	S	E
T	A	S	█	T	E	S	T	█	G	I	N	█
E	C	H	O	U	E	R	A	I	█	A	N	D
█	█	E	R	S	█	C	O	R	N	E	R	█
E	M	E	U	T	█	█	N	I	T	R	E	█
C	O	N	F	I	E	█	A	N	E	█	█	█
L	U	T	█	C	O	N	S	E	N	T	I	S
I	L	E	█	A	N	U	S	█	E	C	U	█
P	E	T	O	N	█	R	A	C	C	R	O	C
S	U	E	N	T	█	S	U	R	A	N	N	E
A	R	E	T	E	█	E	T	U	D	I	E	E

Solution Puzzle 95

M	A	S	S	O	N	S	█	R	I	R	A	S
E	B	A	T	T	I	T	█	A	T	O	M	E
T	A	U	R	E	A	U	█	C	A	S	E	R
A	C	T	E	█	D	A	L	L	E	U	R	█
L	A	S	S	A	█	I	L	E	█	O	T	A
█	█	S	L	O	O	P	█	L	E	I	█	█
T	O	R	E	E	R	█	H	I	V	E	R	S
O	V	E	█	P	L	A	C	E	█	█	█	█
C	U	L	█	R	I	A	█	I	D	A	H	O
A	L	E	V	I	N	S	█	E	M	U	S	█
R	A	V	E	S	█	C	A	P	T	U	R	E
D	I	E	T	E	█	I	N	U	T	I	L	E
E	S	S	O	R	█	F	E	T	E	R	A	S

Solution Puzzle 96

C	H	O	C	█	O	F	F	E	N	S	E	R
R	E	G	I	█	P	I	E	C	E	T	T	E
O	R	N	E	█	T	E	R	R	E	R	A	S
S	P	O	L	I	E	R	█	U	S	A	I	T
S	E	N	█	O	R	A	L	E	█	T	E	E
█	█	E	T	█	I	E	█	D	U	N	E	█
A	N	O	R	A	K	█	T	R	U	S	T	S
B	E	B	E	█	I	N	█	H	O	█	█	█
L	U	T	█	T	R	I	B	U	█	S	E	L
E	T	I	R	E	█	A	I	M	A	N	T	E
T	R	E	I	L	L	I	S	█	B	O	A	S
T	O	N	D	E	U	S	E	█	O	B	I	T
E	N	T	A	S	S	E	R	█	T	E	T	E

Solution Puzzle 97

L	A	U	D	A	N	U	M		P	A	R	E
A	S	S	E	N	E	R	A		A	V	E	N
I	T	E	M		F	E	U		T	A	C	T
C	I	R	E	R		E	G	A	I	L	L	E
			N	O	S		R	I	O		O	R
P	R	A	T	I	Q	U	E	R		M	U	R
R	U	G	I		U	R	E		F	I	E	E
E	P	I		C	E	I	N	T	U	R	E	R
C	T		F	O	L		T	E	S			
A	U	G	U	R	E	E		L	I	C	O	L
I	R	A	S		T	U	S		L	Y	R	E
R	E	N	E		T	R	I	P	L	A	I	S
E	S	T	E		E	O	L	I	E	N	N	E

Solution Puzzle 98

E	V	A	D	E	R	A		A	L	E	S	E
S	A	G	O	U	I	N		V	O	L	E	T
C	L	A	M	E	R	A		A	B	A	C	A
H	U	M			A	L	U	N		R	O	T
E	T	I	R	A	I	E	N	T		G	U	I
			E	U	S		E	T	A	I	E	S
S	E	I	N	G				O	C	R	E	E
E	N	N	E	M	I		A	I	R			
R	I	S		E	D	I	C	T	E	R	A	I
V	E	T		N	A	S	E			U	S	D
A	M	A	N	T		A	R	O	M	A	T	E
G	E	N	I	E		R	E	P	A	I	R	E
E	S	T	E	R		D	R	E	S	S	E	S

Solution Puzzle 99

A	B	S	O	R	B	A		R	E	P	O	S
L	A	U	R	I	E	R		E	G	O	U	T
B	R	I	G	A	N	D		M	A	T	I	R
U	R	N	E			E	P	U	L	I	D	E
M	E	T	A	L		U	N	E		R	I	S
			T	I	A	R	E		O	R	S	
R	E	U	S	S	I		U	S	I	N	E	E
A	N	S		D	O	S	E	R				
U	R	I		L	E	I		C	O	R	A	N
C	O	N	D	O	R	S			N	A	N	A
H	U	A	I	T		I	N	F	I	N	I	S
E	L	I	M	E		F	I	A	S	C	O	S
R	A	S	E	S		S	E	R	E	I	N	E

Solution Puzzle 100

S	O	M	A		P	R	O	C	L	A	M	A
T	S	A	R		R	A	S	E	U	S	E	S
A	E	R	E		E	G	A	L	I	S	E	S
F	R	I	C	O	T	E		U	S	I	T	E
F	A	N		P	A	R	A	I		G	I	N
			D	U		A	N		A	N	N	E
C	H	A	I	S	E		A	B	R	E	G	E
L	Y	N	X		T	E		E	T			
A	G	E		M	A	T	O	U		B	O	X
P	I	A	N	O		E	B	R	U	I	T	E
P	E	N	A	L	I	T	E		R	E	E	R
E	N	T	I	E	R	E	S		U	R	N	E
R	E	I	N	S	E	R	E		S	E	T	S